"新思想在浙江的萌发与实践"系列教材

编委会

主　编：任少波

编　委：（按姓氏笔画排序）

王永昌　包　刚　包迪鸿　刘同舫

李小东　应　飚　张　彦　张光新

张荣祥　郑　胜　胡　坚　郭文刚

童晓明　楼锡锦　薄　拯

"新思想在浙江的萌发与实践"系列教材

主编 任少波

文化软实力

Cultural
Soft
Power

陈 野 等编著

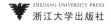

浙江大学出版社

序

　　浙江是中国革命红船的起航地、改革开放的先行地、习近平新时代中国特色社会主义思想的重要萌发地。习近平同志在浙江工作期间,作出了"八八战略"重大决策部署,先后提出了"绿水青山就是金山银山""腾笼换鸟、凤凰涅槃"等科学论断,作出了平安浙江、法治浙江、文化大省、生态省建设及加强党的执政能力建设等重要部署,推动浙江经济社会发展取得了前所未有的巨大成就。2020年3月29日至4月1日,习近平总书记到浙江考察,提出浙江要坚持新发展理念,坚持以"八八战略"为统领,干在实处、走在前列、勇立潮头,努力成为新时代全面展示中国特色社会主义制度优越性的重要窗口。习近平新时代中国特色社会主义思想在浙江的萌发与实践开出了鲜艳的理论之花,结出了丰硕的实践之果,是一部中国特色社会主义理论的鲜活教科书。

　　走进新时代,高校在宣传阐释党的创新理论、培养能担当民族复兴大任的时代新人方面责无旁贷。浙江大学是一所在海内外有较大影响力的综合型、研究型、创新型大学,同时也是中组部、教育部确定的首批全国干部教育培训基地。习近平同志曾18次莅临浙江大学指导,对学校改革发展作出了一系列重要指示。我们编写本系列教材,就是要充分发挥浙江"三个地"的政治优势,将新思想在浙江的萌发与实践作为开展干部培训的重要内容,作为介绍浙江发展的案例样本,作为办学的重要特色,举全校之力高质量教育培训干部,高水平服务党和国家事业发展。同时,本系列教材也将作为高校思想政治理论课的重要教材,引导师生通过了解浙江改革发展历程,深切感悟新思想的理论穿透力和强大生命力,深入感知国情、省情和民情,让思想政治课更加鲜活,让新思想更加入脑入心,打造具有浙江大学特色的高水平干部培训和思政教育品牌。

实践是理论之源,理论是行动的先导。作为改革开放的先行地,浙江坚持"八八战略",一张蓝图绘到底,立足实际,全面客观分析省情、国情,通过扬长避短、取长补短走出了符合浙江实际的发展道路;作为乡村振兴探索的先行省份,浙江从"千村示范、万村整治"起步,逐步破除城乡二元结构,有效整合工业化、城市化、农业农村现代化,统筹城乡发展,率先在全国走出一条以城带乡、以工促农、城乡一体化发展的道路;作为"绿水青山就是金山银山"理念的发源地和率先实践地,浙江省将生态建设摆到重要位置统筹谋划,不断强化环境治理和生态省建设,打造"美丽浙江",为"绿色浙江"的建设迈向更高水平、更高境界指明了前进方向和战略路径;作为经济转型发展的先进省份,浙江坚持以改革创新为第一动力、以发展为第一要务,在"腾笼换鸟"中"凤凰涅槃",不仅"立足浙江发展浙江",而且"跳出浙江发展浙江",由资源小省发展成为经济大省、经济强省。

在浙江工作期间,习近平同志怀着强烈的使命担当提出加强党的建设"巩固八个方面的基础,增强八个方面的本领"的总体战略部署,从干部队伍和人才队伍建设、基层组织和党员队伍建设、党的作风建设与反腐败斗争等方面坚持和完善党的领导，有力推进了浙江党的建设走在前列、发展走在前列。在浙江工作期间，习近平同志以高度的文化自觉，坚定文化自信、致力文化自强，科学提炼了"求真务实、诚信和谐、开放图强"的"浙江精神"，对浙江文化建设作出了总体部署，为浙江文化改革发展指明了前进方向。在浙江工作期间，习近平同志积极推进平安浙江、法治浙江、文化大省建设。作为"平安中国"先行先试的省域样本，浙江被公认为全国最安全、社会公平指数最高的省份之一。在浙江工作期间，习近平同志着力于发展理念与发展实践的有机统一，着力于发展观对发展道路的方向引领，着力于浙江在区域发展中的主旨探索、主体依靠、关系处理及实践经验的总体把握，深刻思考了浙江发展的现实挑战、面临困境、发展目标、依靠动力和基本保障等一系列问题，在省域层面对新发展理念进行了思考与探索。

从"绿水青山就是金山银山"理念到"美丽中国"，从"千万工程"到"乡村振兴"，从"法治浙江"到"法治中国"，从"平安浙江"到"平安中国"，从"文化大省"到"文化强国"……可以清晰地看到，习近平同志在浙江的重大战略布局、改革发展举措及创新实践经验，体现了新思想萌发与实践的重要历程。

浙江的探索与实践是对新思想鲜活、生动、具体的诠释，对党政干部培训和高校思想政治理论课教学而言，就是要不断推动新思想进学术、进学科、进课程、进培训、进读本，使新思想落地生根、入脑入心。本系列教材由浙江省有关领导干部、专家及浙江大学知名学者执笔，内容涵盖"八八战略"、新发展理念、"绿水青山就是金山银山"理念、乡村振兴、"千万工程"、"腾笼换鸟"、党的建设、

"枫桥经验"、平安浙江、民营经济、精神引领、文化建设等重要专题。浙江省以习近平新时代中国特色社会主义思想为指引,全面贯彻党中央各项决策部署,统筹推进"五位一体"总体布局、协调推进"四个全面"战略布局,坚持稳中求进工作总基调,坚持新发展理念,坚持以"八八战略"为统领,一张蓝图绘到底,干在实处、走在前列、勇立潮头,努力把浙江建设成为新时代全面展示中国特色社会主义制度优越性的重要窗口,为社会各界深入了解浙江改革开放和社会主义现代化建设的成功经验提供有益的参考。

本系列教材主要有以下特色:一是思想性。教材以习近平新时代中国特色社会主义思想为指导,通过新思想在浙江的萌发与实践展现党的创新理论的鲜活力量。二是历史性。教材编写涉及的主要时期为 2002 年到 2007 年,并作适当延伸或回顾,集中反映党的十八大以来浙江坚持一张蓝图绘到底,在新思想指导下的新实践与取得的新成就。三是现实性。教材充分展现新思想萌发与实践过程中的历史发展、典型案例、现实场景,突出实践指导意义。四是实训性。教材主要面向干部和大学生,强调理论学习与能力提升相结合,使用较多案例及分析,注重示范推广性,配以思考题和拓展阅读,加强训练引导。

"何处潮偏盛?钱塘无与俦。"奔涌向前的时代巨澜正赋予浙江新的期望与使命。起航地、先行地、重要萌发地相互交汇在这片神奇的土地上,浙江为新时代新思想的萌发、形成和发展提供了丰富的实践土壤。全景式、立体式展示浙江的探索实践,科学全面总结浙江的经验,对于学深、悟透党的创新理论,用习近平新时代中国特色社会主义思想武装全党、教育人民具有重大意义。让我们不负梦想不负时代,坚定不移地推进"八八战略"再深化、改革开放再出发,为建设社会主义现代化强国、实现中华民族伟大复兴的中国梦作出更大贡献。

感谢专家王永昌教授、胡坚教授、张彦教授对本系列教材的指导和统稿,感谢浙江大学党委宣传部、浙江大学继续教育学院(全国干部教育培训浙江大学基地)、浙江大学中国特色社会主义研究中心、浙江大学马克思主义学院、浙江大学出版社对本系列教材的大力支持,感谢各位作者的辛勤付出。由于时间比较仓促,书中难免有不尽完善之处,敬请读者批评指正。

是为序。

"新思想在浙江的萌发与实践"

系列教材编委会

二〇二〇年五月

前　言

　　"软实力"(soft power)是美国哈佛大学教授约瑟夫·奈在《美国定能领导世界吗》一书中提出的概念。他认为，一个国家的综合国力既包括经济、科技、军事实力等"硬实力"，也包括以文化和意识形态吸引力体现出来的"软实力"，而且在信息时代，软实力正变得比以往更为突出。

　　文化软实力主要是指由思想道德、价值理念、理想信念、精神品格、意识形态、文化传统等形成的文化力量，包括文化创造力、生产力、感召力、传播力、影响力、竞争力等整体实力。

　　文化软实力是文化自身建设的重要内容。习近平同志在主持以提高国家文化软实力研究为主题的中共中央政治局第十二次集体学习时强调，建设社会主义文化强国，着力提高国家文化软实力，要坚持走中国特色社会主义文化发展道路，弘扬社会主义先进文化，深化文化体制改革，推动社会主义文化大发展大繁荣，增强全民族文化创造活力，推动文化事业全面繁荣、文化产业快速发展，不断丰富人民精神世界、增强人民精神力量。要努力传播当代中国价值观念，努力展示中华文化独特魅力，努力提高国际话语权。

　　文化软实力是引领经济社会发展的重要推动力。早在浙江工作期间，习近平同志就十分形象地阐述了文化软实力的重要性："文化的力量，或者我们称之为构成综合竞争力的文化软实力，总是'润物细无声'地融入经济力量、政治力量、社会力量之中,成为经济发展的'助推器'、政治文明的'导航灯'、社会和谐的'黏合剂'。"①在中共中央政治局第十二次集体学习时,他进一步强调指出,提高国家文化软实力,关系"两个一百年"奋斗目标和中华民族伟大复兴中国梦的实现。

21世纪以来,浙江高度重视文化软实力建设,坚持以"八八战略"为总纲,以浙江精神为指引,经历了2000年建设文化大省、2005年加快建设文化大省、2011年建设文化强省、2018年建设"文化浙江"四个历史阶段,分别对应谋划起步、加快推进、优化品质、高水平发展实施目标,体现了浙江在文化软实力建设上的观念自觉、主体自觉、品质自觉,发展思路清晰,总体布局稳定,又根据不同时期客观条件和现实需求落实工作目标、选择有效路径,取得可观成效。

习近平同志在浙江工作期间,着眼于浙江在全面建设小康社会、加快现代化进程中继续走在前列的要求,将文化软实力建设纳入全省经济社会发展的整体框架,落实在浙江经济社会发展的重大决策中,体现在各个工作领域和工作环节里,综合布局、扎实推进,提出文化改革发展的一系列新思想、新观点、新论断,作出加快建设文化大省、"增强文化软实力,为在加快全面建设小康社会、提前基本实现现代化进程中走在前列,提供思想保证、精神动力、智力支持和舆论力量"的重大决策部署,奠定了浙江文化改革发展的"四梁八柱",成为推动浙江从文化大省向文化强省、文化浙江奋力迈进的思想指引和行动遵循。

---

① 习近平.干在实处 走在前列:推进浙江新发展的思考与实践[M].北京:中共中央党校出版社,2006:241.

习近平同志在浙江工作期间关于文化软实力建设的发展理念、总体布局、创造性实践和历史性成果，在浙江文化发展史上具有开拓创新的重要意义。既体现了他对浙江文化建设工作的深化推进，又体现在方法论意义上的哲学认知，为习近平新时代中国特色社会主义思想的形成提供了来自省域层面文化建设的重要理论素材和实践依据。

多年来，浙江以"八八战略"为总纲领，一张蓝图绘到底，一任接着一任干，不断续写新时代浙江文化繁荣兴盛新篇章。2011年，《中共浙江省委关于认真贯彻党的十七届六中全会精神大力推进文化强省建设的决定》，全面总结改革开放以来特别是党的十六大以来浙江推进文化大省建设取得的显著成效，明确浙江文化建设面临的新形势新要求，提出由文化大省向文化强省迈进的宏伟目标，并对相关工作作出具体部署。2018年，省十四次党代会报告《坚定不移沿着"八八战略"指引的路子走下去　高水平谱写实现"两个一百年"奋斗目标的浙江篇章》提出统筹推进富强浙江、法治浙江、文化浙江、平安浙江、美丽浙江、清廉浙江建设目标，要求浙江文化建设"在提升文化软实力上更进一步、更快一步，努力建设文化浙江"，对新一轮文化建设提出更高要求、拓展出更广空间，浙江文化建设进入新的发展时期。

浙江人民传承弘扬底蕴深厚的地域文化传统，奋力绘制新时代浙江文化繁荣发展的当代画卷，在精进图强的历史步伐中，在"求真务实，诚信和谐，开放图强"的浙江精神支撑、推进和引领下，务实进取、开放创新、攻坚克难、大气和谐，在文化大省、文化强省、文化浙江的建设道路上勇立潮头，不断前行，提供了新时代中国特色社会主义文化创新发展的浙江探索、浙江智慧，为繁荣发展中华文化、提高国家文化软实力作出重要贡献。

党的十八大以来,习近平同志围绕社会主义文化建设发表的一系列重要论述和在全国范围开展的丰富实践,站位高远,思想深邃,内涵丰富,成效显著,体现了党对中国特色社会主义文化建设规律的深刻把握,丰富和发展了马克思主义文化理论,是十八大以来党的理论创新的重要成果,是习近平新时代中国特色社会主义思想的重要组成部分。从中探析其历史成因和主要内涵,可见与习近平同志在浙江工作期间的文化建设思考和实践探索具有一脉相承的内在关联,彰显出与时俱进的理论品格,是习近平新时代中国特色社会主义思想从区域治理实践上升到国家治理全局的成功典范。作为中国革命红船起航地、改革开放先行地、习近平新时代中国特色社会主义思想重要萌发地的浙江,必须深入贯彻习近平新时代中国特色社会主义思想,特别是关于文化建设的重要论述,以更为开放的胸怀和格局深化浙江精神研究,坚定文化自信、增强文化自觉、强化文化担当,不断提升构成综合竞争力的文化软实力,为经济社会发展凝聚强大精神力量、提供丰润文化滋养,为浙江人民营建心灵圣地,为浙江发展形塑更加规范有序、文明和谐的内在品质,为中国发展提供地方性实践的研究样本,在浙江绵密深厚的人文传统里,创造出又一段华彩熠熠的锦绣篇章。

目 录

千百年来,浙江特有的地理环境、生产生活方式、历史上的多次人口迁徙和文化交融,造就了浙江人民兼有农耕文明和海洋文明的文化特质,锤炼了浙江人民兼容并蓄、励志图强的生活气度,砥砺了浙江人民厚德崇文、创业创新的精神品格。

——习近平. 与时俱进的浙江精神(代序)[M].//中共浙江省委宣传部. 与时俱进的浙江精神. 杭州:浙江人民出版社,2005:1.

第一章　植根优秀传统文化
　　　　涵育当代浙江发展生命力

◆◆ 本章要点

1. 习近平同志有关传承弘扬优秀传统文化的理论阐述、独特创见和实践探索,体现了他对祖国优秀传统文化的诚挚感情,对浙江地域文化传统的透彻剖析,对优秀传统文化当代价值的深入发掘,令人信服地说明文化传统对一个地区当代发展道路的涵育作用。

2. 广泛的民间传承基础,持续的政策培育推动,生动的社会实践活动,构筑起优秀传统文化当代传承弘扬之清晰可见的浙江风貌;从自发到自觉,从民间到政府,从局部到全面,从传承到创新,从物态化的浅表层面到精神性的价值追求,呈现了优秀传统文化当代传承弘扬之循序渐进的浙江路径,构筑了浙江当代文化发展的历史根基。

3. 浙江充分尊重群众主体地位和首创精神,维护文化传承的民间土壤,坚持全民参与,保护大众热情,最大限度激发全社会继承弘扬优秀传统文化的创新意识和创造活力,在日常生活中活态化地促进文化传统推陈出新。

在实现中华民族伟大复兴中国梦的时代格局和语境里,中华优秀传统文化作为文明根柢,在经过创造性转化、创新性发展后,既是基础性的历史资源,也是现实中的发展动力,更是民族精神的中坚,具有毋庸置疑的当代价值。习近平同志以其民族情怀、古典修养、政治睿智,对优秀传统文化的当代价值,作了全面而深刻的揭示和弘扬。他指出"中华优秀传统文化已经成为中华民族的基因,植根在中国人内心,潜移默化影响着中国人的思想方式和行为方式"①。"中华文化源远流长,积淀着中华民族最深层的精神追求,代表着中华民族独特的精神标识,为中华民族生生不息、发展壮大提供了丰厚滋养"②,是涵育中国特色社会主义发展道路的强大生命力之所在。

此种面对历史传统的审视和认知,既是习近平同志哲理思辨至于通达之境的结果,同时也是经历长期探索和深广实践的结果。2003 年浙江实施"八八战略"以来,有关优秀传统文化的传承和弘扬,一直得到持续推进。具有浙江本地特色的实践探索,既为浙江文化以至经济社会发展筑起扎实的历史基底,也与国家发展大势和时代潮流所趋同协共进,为构筑"中国梦"的"根"与"魂",提供了一份鲜活的地方样本。

---

① 习近平.青年要自觉践行社会主义核心价值观——在北京大学师生座谈会上的讲话[EB/OL].(2014-05-05)[2019-12-11].http://jhsjk.people.cn/article/24973220.

② 习近平.把培育和弘扬社会主义核心价值观作为凝魂聚气强基固本的基础工程[EB/OL].(2014-05-05)[2019-12-11].http://jhsjk.people.cn/article/24463023.

第一节　以睿智深刻的理性思考
探究传统文化当代价值

2002 年 10 月,习近平同志来到浙江工作。浙江悠久的历史传统、深厚的文化底蕴、独特的文化品质、流传至今的丰富资源和基层民间社会传承传统文化的热情和创意,予以他深刻印象:"千百年来,浙江人民积淀和传承了底蕴深厚的文化传统。这种文化传统的独特性,正在于它令人惊叹的富于创造力的智慧和力量。"①他详细了解研究浙江历史文化传统,深入探讨浙江精神的历史渊源和对当代浙江经济社会发展的推动作用,对传统文化的当代价值和浙江开展继承弘扬优秀传统文化工作,提出了一系列具有创见、自成体系的观点、理念和战略思想。

一、文化的力量熔铸在民族生命力、创造力和凝聚力中

习近平同志对优秀传统文化及其当代价值的思考,首先建立在对文化传统的认识基础上。延绵不绝为传统,包罗万象为文化。传承的绵久与内涵的丰富,造就文化传统的博大与力量。习近平同志深谙此理,他指出:"在人类文化演化的进程中,各种文化都在其内部生成众多的元素、层次与类型,由此决定了文化的多样性与复杂性。中国文化的博大精深,来源于其内部生成的多姿多彩;中国文化的历久弥新,取决于其变迁过程中各种元素、层次、类型在内容和结构上通过碰撞、解构、融合而产生的革故鼎新

---

① 习近平.干在实处　走在前列:推进浙江新发展的思考与实践[M].北京:中共中央党校出版社,2006:317.

的强大动力。"①

中华民族生生不息的力量源泉,正在于她的文化:"中华民族历史悠久、饱经沧桑,几分几合,几遭侵略,都不能被分裂和消亡,始终保持着强大的生命力,根本的原因就在于我们具有源远流长、博大精深的文化内涵。"②中华文化不仅久远深厚,而且富有思想性的精华,"在确立人类社会普遍的道德规范方面,中华文化有其优长之处。我们的祖先曾创造了无与伦比的文化,而'和合'文化正是这其中的精髓之一。'和'指的是和谐、和平、中和等,'合'指的是汇合、融合、联合等。'和合',就是指对立面的相互渗透和统一,而且,这种统一是处于最佳状态的统一,对立的双方没有离开对方而突出自己。中华早期思想家创造并不断发展、充实这一文化,从'味一无果''声一无听''物一无文'到'和实生物',进而提出'天地和合,生之大经也'。这种贵和尚中、善解能容,厚德载物、和而不同的宽容品格,是我们民族所追求的一种文化理念。自然与社会的和谐,个体与群体之间的和谐,我们民族的理想正在于此,我们民族的凝聚力、创造力也正基于此。甚至还可以毫不夸张地说,我们中华民族传统文化的精髓也正是在于这种伟大的和谐思想"③。

正是这样的优秀传统文化,营构了中国人的社会生活环境,构筑起中华民族的精神家园,"对生活其中的人们产生着同化作用,

---

① 习近平.浙江文化研究工程成果文库总序[M]//徐吉军.南宋都城临安.杭州:杭州出版社,2008:1.

② 习近平.干在实处 走在前列:推进浙江新发展的思考与实践[M].北京:中共中央党校出版社,2006:293.

③ 习近平.干在实处 走在前列:推进浙江新发展的思考与实践[M].北京:中共中央党校出版社,2006:295-296.

进而化作维系社会、民族的生生不息的巨大力量,中华民族共同的文化传统才使我们有了强烈的对中华文明的认同感和归属感"。①

二、浙江为丰富和发展中华民族文化作出重大贡献

具体到浙江而言,习近平同志致力于研究剖析浙江的历史传统、人文优势和文化基因,从中提炼出当代价值。

对浙江的历史发展和人文优势,他十分熟悉,信手拈来,如数家珍:"浙江是文物之邦,是中华文明的发祥地之一,文化名人群星璀璨,文化精品琳琅满目,文化样式异彩纷呈,文化传统绵延不绝,为丰富和发展中华民族文化作出了重大贡献,也有力地促进了浙江经济社会的发展。"②

对浙江的历史文化基因,他深入研探,综合提炼:"浙江文化的一个突出特点是:洋溢着浓郁的经济脉息。与'钱塘自古繁华'相适应,古代浙江许多伟大的思想家也都倡导义利并重、注重工商的思想,不仅在中国文化史上独树一帜,而且深深地影响着浙江人的思想观念和行为方式,成为浙江思想文化的重要源泉。宋代'永康学派'代表人物陈亮提出'商藉农而立,农赖商而行';'永嘉学派'代表人物叶适提出'通商惠工,皆以国家之力扶持商贾、流通货币',主张农商相补,反对义利两分。明末大思想家黄宗羲则第一次明确提出'工商皆本',反对歧视商业的观念。浙江文化的另一个特点是:融会了多元文化的精神特质,兼具内陆文化与海洋文化之长处,融合了吴越文化与中原文化之精髓,反映了中国文化与西

---

① 习近平.干在实处 走在前列:推进浙江新发展的思考与实践[M].北京:中共中央党校出版社,2006:293.

② 习近平.干在实处 走在前列:推进浙江新发展的思考与实践[M].北京:中共中央党校出版社,2006:293-294.

方文化之激荡。浙江人生活在'山海并利'的环境里,受到多种文化因素的熏陶,因此表现出既有山的韧劲,又有海的胸襟;既具内陆文化吃苦耐劳、顽强拼搏的优点,又有海洋文化敢于开拓、勇于冒险的胆气。"①

三、浙江地域文化传统孕育与时俱进的浙江精神

通过对浙江历史传统、人文优势和文化基因的剖析,习近平同志精辟地揭示了孕育浙江精神的文化底蕴:"在漫长的历史实践过程中,从大禹的因势利导、敬业治水,到勾践的卧薪尝胆、励精图治,从钱氏的保境安民、纳土归宋,到胡则的为官一任、造福一方,从岳飞、于谦的精忠报国、清白一生,到方孝孺、张苍水的刚正不阿、以身殉国,从沈括的博学多识、精研深究,到竺可桢的科学救国、求是一生,无论是陈亮、叶适的经世致用,还是黄宗羲的工商皆本,无论是王充、王阳明的批判、自觉,还是龚自珍、蔡元培的开明、开放,无论是百年老店胡庆余堂的戒欺、诚信,还是宁波、湖州商人的勤勉、善举,等等,都给浙江精神奠定了深厚的文化底蕴。"②

正是在如此深厚、丰富、优良的文化沃土之中,独具特色的浙江精神得以孕育、生长,"浙江精神得以凝练成了以人为本、注重民生的观念,求真务实、主体自觉的理性,兼容并蓄、创业创新的胸襟,人我共生、天人合一的情怀,讲义守信、义利并举的品行,刚健正直、坚贞不屈的气节和卧薪尝胆、发愤图强的志向"③。

---

① 习近平.干在实处 走在前列:推进浙江新发展的思考与实践[M].北京:中共中央党校出版社,2006:316.

② 习近平.与时俱进的浙江精神(代序)[M]//中共浙江省委宣传部.与时俱进的浙江精神.杭州:浙江人民出版社,2005:2.

③ 习近平.与时俱进的浙江精神(代序)[M]//中共浙江省委宣传部.与时俱进的浙江精神.杭州:浙江人民出版社,2005:2.

　　浙江的地域文化传统孕育了浙江精神,浙江精神又在历史的演进里,一以贯之地引领着、支撑着、陪伴着浙江人民行进在建设美好家园的大道上:"虽然在不同时期,浙江精神呈现出来的具体形态和侧重点不尽相同,但是,由上述观念、理性、胸襟、情怀、品行、气节和志向所凝聚的内涵,正如涌动的活水,跳跃、翻腾在整个浙江的历史过程中,表现出旺盛的生命力。她们不仅与浙江人民的历史生命相伴,而且更与浙江人民的现实生活与未来创造相随。"①"她滋育着浙江的生命力、催生着浙江的凝聚力、激发着浙江的创造力、培植着浙江的竞争力,激励着浙江人民永不自满、永不停息,在各个不同的历史时期不断地超越自我、创业奋进。"②

四、优秀文化基因助推浙江经济社会快速发展

　　优秀文化基因并非只是存在于历史的传统,也代代相续地传承于当代浙江人之中,为当代浙江发展奠定了独特根基。

　　习近平同志高度重视从地域历史传统涵育的优秀文化基因中,解读浙江当代发展的深层次原因。他认为,改革开放以来浙江经济社会快速发展的原因,正是浙江人民世代相传的优秀文化基因——浙江精神在当代的生动展现:"源远流长的浙江精神,始终流淌在浙江人民的血脉里,构成了代代相传的文化基因,她们'一遇雨露就发芽,一有阳光就灿烂'。建设中国特色社会主义伟大实践的阳光和雨露,全面激活了浙江人的这种'文化基因'","极大地

---

　　①　习近平.与时俱进的浙江精神(代序)[M]//中共浙江省委宣传部.与时俱进的浙江精神.杭州:浙江人民出版社,2005:2.

　　②　习近平.干在实处　走在前列:推进浙江新发展的思考与实践[M].北京:中共中央党校出版社,2006:317.

促进了经济快速发展,成为能动的经济创造力;极大地促进了社会全面进步,成为巨大的社会凝聚力;极大地促进了文化大省建设,成为核心的文化竞争力。"①

五、优秀传统文化蕴含提升领导干部素质能力的智慧

运用优秀历史文化提高浙江党员干部的思想素质和工作能力,是习近平同志长期思考、多有论述的重要方面。据笔者统计,《之江新语》中有60余篇涉及传统文化,其中30篇左右与党建有关。习近平同志以丰富的历史知识、准确的分析阐述,为党员干部阐述传统智慧、分析历史教训、提供可资经验。如在《多读书,修政德》中,以《论语》中"为政以德,譬如北辰,居其所而众星拱之""修其心、治其身,而后可以为政于天下"等古语,要求党员领导干部不断加强政治学习和党性修养,常修为政之德、常思贪欲之害、常怀律己之心,自觉做到为政以德、为政以廉、为政以民。在《权力是个神圣的东西》中,以国家之权乃是"神器"、非"凡夫俗子"所能用的古训,要求各级领导干部慎用权、善用权、用好权。在《领导干部必须做到"守土有责"》中,以刘邦《大风歌》说明封建官吏尚且守土有责,共产党的领导干部更应有强烈的责任感,敢于担当,保一方平安,强一方经济,富一方百姓。在《生活情趣非小事》中,以李后主与嫔妃等典故说起,要求各级领导干部加强思想道德修养,注重培养健康的生活情趣。凡此种种,不胜枚举,涉及为政以德、以民为本、秉公用权、清廉自守、克己慎行、守土有责、勤学善思、求真务实等众多方面。字里行间,满溢殷殷之情,循循善诱、不厌其烦,体现了对党和人民事业的高度负责之心,对领导干部的惕厉关切之情。

---

① 习近平.与时俱进的浙江精神(代序)[M]//中共浙江省委宣传部.与时俱进的浙江精神.杭州:浙江人民出版社,2005:2-3.

六、努力形成全社会保护文化遗产的良好氛围

正因为优秀传统文化具有珍贵的历史价值和当代价值,我们对之必须倍加珍惜和爱护。习近平同志十分重视保护和传承文化遗产,对此做了周密思考。他认为,现代化过程中隐藏着对文化遗产进行破坏的危险,城市化率提高的现实中存在着城市文化个性的被轻视甚至埋没,造成文脉断裂。因此政府部门要正确处理文化遗产保护和经济社会发展的关系,正确处理文化遗产保护、传承与管理、利用的关系。浙江具有珍贵的历史文化资源,同时也是旅游大省,省内不乏以历史文化为内涵的旅游景点和项目,如何处理两者的关系,是浙江发展旅游业需要面对的课题。习近平同志对此态度坚决,强调文化遗产保护应该是事业为主、产业为辅,主要是保护、抢救,更多的是花钱,而不是赚钱。"要正确处理文物保护与旅游开发的关系,做到保护第一、开发第二,坚决禁止破坏性开发。"①在社会主义新农村建设和保护古村落历史原貌的关系上,他也同样提出保护第一的原则:"不要把社会主义新农村建设变成新村建设,更不要在建设过程中把那些具有文化价值和地方特色的历史建筑通通扫荡了。有的新农村恰恰是要保持历史原貌的古村落,如兰溪的八卦村等,就是要保护它的原貌,体现它的历史美,不能去破坏它。"②

保护文化遗产不但是政府的职责,也与我们每个人有关:"只有我们每个人都关心和爱惜前人给我们留下的这些财富,我们民族的精神和独特的审美情趣、独特的传统气质,才能传承下去。"因

---

①　习近平.干在实处　走在前列:推进浙江新发展的思考与实践[M].北京:中共中央党校出版社,2006:325.

②　习近平.干在实处　走在前列:推进浙江新发展的思考与实践[M].北京:中共中央党校出版社,2006:324.

此,他认为应该在全社会倡导珍爱文化遗产的文明之风,形成共同参与文化遗产保护的良好氛围,"进而更好地熟悉中华历史,传承中华文明,弘扬中华文化,不断激发民族自豪感和爱国热情"。[①]

七、大力推进浙江优秀传统文化创新发展

历史赓续、文化绵延、传统维系,均在于保护传承前提下的创新发展、当代价值的发掘弘扬。习近平同志认为,"保持和发展本民族文化的优良传统,积极吸取世界其他民族的优秀文化成果,实现文化的与时俱进,是关系党和国家前途与命运的重大问题"[②]。"与时俱进"是从规律性、时代性、创造性的内在联系中分析看待事物、推动社会发展的历史唯物主义观点,习近平同志强调文化的与时俱进,体现了他在创新中求发展的文化发展理念。在浙江重要文化遗产创造性转化创新性发展的成功案例中,几乎都能看见习近平同志亲力亲为的身影,为浙江留下了丰富的历史性成果。他在实地考察西湖综合保护工程后指出,实施西湖综合保护工程是德政,也是得民心的善举。对西湖周围的历史文化遗存,一定要保护好,利用好,传承下去,发扬光大。他五赴乌镇调研指导,作出具体指示,在乌镇文化遗存与江南水乡风光的完美结合中走出创新发展之路,使乌镇成为世界互联网大会永久举办地。他两次到良渚文化遗址调研,强调"良渚遗址是实证中华五千年文明史的圣地,是不可多得的宝贵财富,我们必须把它保护好"[③],为良渚申遗成功引领了方向。他深入大运河杭州段现场考察调研,要求继续做好运河综保工作,

① 习近平.干在实处 走在前列:推进浙江新发展的思考与实践[M].北京:中共中央党校出版社,2006:325.

② 习近平.干在实处 走在前列:推进浙江新发展的思考与实践[M].北京:中共中央党校出版社,2006:290.

③ 周少华,秦军,王婷,等.凝魂聚气铸自信[N].浙江日报,2017-10-11(2).

使杭州的经济和自然环境和谐发展。在非物质文化遗产保护方面,仅在 2005 年 5 月到 6 月间,他就对非物质文化遗产保护作了 6 次批示,涉及"浦江县高登山古村落抢救""民间艺术保护工程""抢救振兴永嘉昆剧团"等方面。绍兴"大禹陵公祭"列入首批国家级非物质文化遗产名录,公祭大禹陵时,习近平同志致信祝贺:"大禹以其疏导洪患的卓越功勋而赢得后世敬仰。其人其事其精神,展示了浙江的文化魅力,是浙江精神的重要渊源。公祭大禹陵,对于坚持以爱国主义为核心的民族精神和以改革创新为核心的时代精神,对于弘扬与时俱进的浙江精神,对于加快建设文化大省,都是有益的。"[①]一语道出了历史遗产的资源价值和当代意义。

习近平同志对优秀传统文化在文化多样性、传统文化的教育、未成年人思想道德教育等众多方面的价值,都有论述,限于篇幅,难以一一展开。总之,通过对浙江历史传统及其当代价值的深入分析,习近平同志得出了自己的结论:"悠久深厚、意韵丰富的浙江文化传统,是历史赐予我们的宝贵财富,也是我们开拓未来的丰富资源和不竭动力。"[②]

习近平同志有关优秀传统文化继承和弘扬的具体论述和独特创见,体现了他对中国优秀传统文化的诚挚感情,对浙江历史传统和当代价值的系统梳理和透彻剖析;反映了他在如何继承和弘扬优秀传统文化、推动新形势下浙江经济社会建设发展等方面的高远视野、开阔思路、宏大构想。特别是他从剖析地域文化传统的角度入手,深究浙江省情的独特性,研探浙江当代成就背后的文化基

---

① 周少华,秦军,王婷,等.凝魂聚气铸自信[N].浙江日报,2017-10-11(2).

② 习近平.干在实处　走在前列:推进浙江新发展的思考与实践[M].北京:中共中央党校出版社,2006:317.

因、历史根基和由此而生的颇具特色的发展轨迹,令人信服地说明地域文化传统对一个地区当代发展道路的涵育作用,深化了人们对优秀传统文化潜在力量和当代价值的认识,提示了认识、研究、传承和弘扬优秀传统文化的方法和路径。

党的十八大以来,习近平同志发表了一系列有关传承和弘扬优秀传统文化的重要讲话,对优秀传统文化在实现中华民族伟大复兴"中国梦"中的地位和作用,做了深刻阐述。他明确指出:"独特的文化传统,独特的历史命运,独特的基本国情,注定了我们必然要走适合自己特点的发展道路。"①从民族文化传统的历史性、独特性角度论述必须立足基本国情、走适合自己特点发展道路的必然性,为坚持道路自信提供了具有内在逻辑合理性的理论支撑。他在浙江工作期间的相关思考和理论成果,既把浙江的优秀传统文化传承和弘扬工作推进到了一个新的境界,也为我们党今天从中华优秀传统文化中提炼跨越时空、超越国度、富有永恒魅力、具有当代价值的文化精神,看清楚、讲清楚中国特色社会主义道路植根于中华文化沃土、反映中国人民意愿、适应中国和时代发展进步要求的历史逻辑,实现中华民族伟大复兴,展开了丰富的省域层面的实践,积累了丰富经验。

第二节　慎思精制、一以贯之的宏观谋划布局

自 2003 年浙江省委实施"八八战略"以来,浙江的优秀传统文化传承与弘扬,进入新的发展时期。省委、省政府在文化工作中,从

---

① 习近平.胸怀大局把握大势着眼大事,努力把宣传思想工作做得更好[EB/OL].(2013-08-21)[2019-11-12].http://jhsjk.people.cn/article/22636876.

战略思维、宏观布局到具体举措,始终贯穿"传承优秀文化,弘扬浙江精神"的主线,带领全省人民在省域层面的众多领域开展全面深刻、丰富生动、富有成效的创新探索和实践,形成了浙江特色。

一、系统谋划,全面布局

在"八八战略"中,"进一步发挥浙江的人文优势,积极推进科教兴省、人才强省,加快建设文化大省"是一个重要内容。优秀中华传统文化和浙江地域历史传统,是浙江人文优势的重要基础和内核,在加快建设文化大省中具有不可忽视的重要地位和作用。在 2005 年出台的《中共浙江省委关于加快建设文化大省的决定》中,传承弘扬优秀传统文化得到充分重视和体现,总体性地、细分化地落实了优秀传统文化传承和弘扬的总体框架和行动路线,奠定了浙江继承弘扬优秀传统文化的大政方针。

增强先进文化的凝聚力,是加快建设文化大省的重要着力点,作为其中的重要内容,《中共浙江省委关于加快建设文化大省的决定》要求"发扬浙江优秀历史文化传统,积极推进文化创新,大力发展先进文化,支持健康有益文化,努力改造落后文化,坚决抵制腐朽文化"。"大力弘扬以爱国主义为核心的民族精神和以改革创新为核心的时代精神,坚持和发展'自强不息、坚韧不拔、勇于创新、讲求实效'的浙江精神,与时俱进地倡导和弘扬'求真务实、诚信和谐、开放图强'的精神,为加快全面建设小康社会、提前基本实现现代化提供强大精神动力。"

对传承弘扬优秀传统文化的重视,还具体体现在《中共浙江省委关于加快建设文化大省的决定》提出的相关文化建设工程中。在文明素质工程中要求"加强爱国主义教育基地建设,发展红色旅游,充分发挥革命纪念地和历史文化遗址、博物馆、纪念馆等的重要作用"。在文化精品工程中要求重点扶持"一批弘扬浙江优秀传统文化、具有传承和创新意义的文化艺术成果"。在文化研究工程中要求开展浙江历史文化专题研究、浙江名人研究、浙江历史文献整理,对浙江地域历史文化开展系统研究。在文化保护工程中要求将丰富的历史文化遗产真正作为文化大省建设重要而独特的宝贵资源。深化文化体制改革是加快文化大省建设的必要前提和重要保障,积极发挥传统文化、民族文化、革命文化、区域文化优势,为增强中华文化的竞争力和影响力作贡献,是坚持改革的正确方向。

综上所述,可见《中共浙江省委关于加快建设文化大省的决定》将继承和弘扬优秀传统文化提到了为加快全面建设小康社会、提前基本实现现代化提供强大精神动力的高度,在浙江筑起了全面继承和弘扬优秀传统文化的广阔平台。

二、一以贯之抓落实

系统梳理 2003 年提出"八八战略"、2005 年通过《中共浙江省委关于加快建设文化大省的决定》至今的浙江省委、省政府文件,从 2008 年《浙江省推动文化大发展大繁荣纲要(2008—2012)》、2011 年《中共浙江省委关于认真贯彻党的十七届六中全会精神大力推进文化强省建设的决定》、2014 年《关于建设美丽浙江创造美好生活的决定》、2017 年《坚定不移沿着"八八战略"指引的路子走下去 高水平谱写实现"两个一百年"奋斗目标的浙江篇章》等省委报告和决议,第十一、第十二两个《浙江省委关于制定浙江省国民经济和社会发展五年规划的建议》、《浙江省文化发展"十二五"规划》《浙江省文化发展"十三五"规划》《浙江省传承发展浙江优秀传统文化行动计划》中,可以看出浙江在继承和弘扬优秀传统文化方面始终贯穿着"一张蓝图绘到底、一以贯之抓落实"的主线;同时也体现了根据浙江经济社会发展的阶段性特征,贴近浙江文化发展的实际需求,与时俱进地加以细分、深化和提升,不断探索和丰富实践。

(一)坚持弘扬中华文化是推动文化大发展大繁荣的基本原则

在2008年浙江省委通过的《浙江省推动文化大发展大繁荣纲要(2008—2012)》中,继承和弘扬优秀传统文化得到进一步重视,"坚持弘扬中华文化"被单独列出,与"坚持先进文化的前进方向""坚持以人为本""坚持把社会效益放在首位"等一起,成为六项"基本原则"之一,同时强调了"加强优秀传统文化教育"和"不断增强中华文化的国际影响力"两个方面。

在推进社会主义核心价值体系建设方面,要求大力弘扬浙江精神,加强爱国主义教育,以重大纪念日、民族传统节日、重要节庆活动、重大事件等为契机,开展丰富多彩的爱国主义宣传教育活动;实施浙江省红色旅游发展规划,全面开展浙江省革命胜迹普查、保护和利用工作,充分发挥革命纪念地和历史文化遗址、博物馆、纪念馆等的重要作用。通过重点扶持一批具有重大创新意义、对弘扬和传承民族文化有重大作用、对经济社会发展有重要影响的研究项目,深化文化研究工程。

在公共文化服务方面,要求深入实施文化保护工程,加强历史文物的保护和利用。加强非物质文化遗产的保护和传承,推进非物质文化遗产的"活态"传承,使之成为一个新的亮点。

在推进文化产业发展方面,对传统资源的利用主要体现在旅游文化服务业,从优秀历史文化资源与旅游业融合发展的角度,要求"发挥浙江旅游资源优势,努力建设红色旅游经典景区,做优做特民俗文化、水乡古镇、生态文化、海洋文化、畲族风情等文化旅游区块,打响'诗画江南、山水浙江'的浙江旅游文化品牌。注重开发浙江历史名城名镇、名人故居、名山名园等文化旅游资源,打造一批精品旅游线路,加大文化旅游品牌在海内外的推介力度。"可谓梳理资源充分、浙江特色浓郁的一个十分到位的细化安排。

(二)更加重视发挥优秀传统文化的当代价值

2011 年 8 月发布的《浙江省文化发展"十二五"规划》,从世界多极化和经济全球化深入发展,文化多样性发展趋势进一步显现,各国发展和传播本国文化的意愿不断增强,越来越多的国家把提高文化软实力作为重要发展战略的国际背景出发,继续将"坚持继承和弘扬优秀民族文化,吸收和借鉴世界各国优秀文化成果"作为规划的基本原则之一。

在具体规划中,从"加快转变文化发展方式""切实加强文化交流和文化贸易,推动浙江文化'走出去'"上谋划继承和弘扬优秀传统文化,是两个亮点。前者要求"从重文化遗产保护向保护、利用并重转变",通过"构建体系完备、保护有效、利用合理的文化遗产保护发展新格局,进一步弘扬中华民族优秀传统文化",表明了政府对充分发挥优秀传统文化当代价值的重视。后者则要求加强对国际文化消费市场的研究,充分发掘包装戏曲、民乐、杂技和文物展览等浙江优质历史资源,精心培育一批具有国际竞争优势的品牌文化企业和品牌文化产品,依托重大涉外活动,积极传播浙江优秀文化,构建友好关系,体现了积极运用优秀传统文化提高浙江文化国际竞争力的态度。

（三）本地优秀传统文化是文化强省之"强"的重要内在支撑

2011 年的《中共浙江省委关于认真贯彻党的十七届六中全会精神　大力推进文化强省建设的决定》，提出要"以更高层次、更宽视野、更大力度"，把浙江建设成为人文精神高尚、文化事业繁荣、文化产业发达、文化氛围浓郁、文化形象鲜明的文化强省。

与此三个"更"字要求相符合的是，对优秀传统文化的重视，融合在"现实基础和有利条件"、"总体思路"、三大体系、八项工程等多个方面。文中，与传统文化相关的"传统"一词出现九次，其中六次为"优秀传统文化"，其余三次分别为"革命传统教育""传统节日""中华传统美德"；与传统文化相关的"历史"一词出现四次，分别是"历史题材""历史文化名城""历史文化记忆工程""历史文化"。出现的频次之高，从一个侧面反映了浙江对优秀传统文化当代价值认识的持续提高和优秀传统文化在整个文化强省建设战略中的重要地位，也可以理解为浙江建设文化强省的"强"，在一定程度上依赖于对本地深厚传统文化和丰富历史资源的挖掘、转化和运用。

（四）优秀传统文化是文化治理的重要手段

2014 年的《中共浙江省委关于建设美丽浙江创造美好生活的决定》将继承和弘扬优秀传统文化，将其与生态建设主旨紧密关联，要求"注重挖掘浙江传统文化中的生态理念和生态思想"。在具体举措上，也颇有新意和特色之处：一是推出"生态人文小城市试点"，要求结合自然资源特点和人文特色，科学设计城镇人居环境、景观风貌和建筑色彩，加强城镇生态景观保护和建设，建设一批江南风情小镇，彰显"诗画江南"的独特魅力。二是要求大力创建绿色城镇和生态示范村，保护乡土自然景观和特色文化村落，彰显江南农房特色,精心建设一批"浙派民居"。三是重视传承乡愁记忆,延续历史文脉,要求提升美丽乡村建设水平,优化布局,强化特色,让广大人民群众望得见山,看得见水,记得住乡愁。突破了历史文化资源单项开发利用的传统做法,以生态人文小城市、绿色城镇、生态示范村建设为契机和平台,将优秀传统文化作为基础、核心和推动力,内在性地嵌入一地社会、经济、生态发展的总体框架之中,谋取融合发展的道路。至此,在浙江,优秀传统文化已经超越仅仅作为可资利用资源的局限,被作为文化治理的基础方式和重要手段,在"建设美丽浙江,创造美好生活"的浙江发展新格局中,站到了一个新的历史高点。

(五)建设新时代中华优秀传统文化传承发展新高地

2017 年浙江省第十四次代表大会报告《坚定不移沿着"八八战略"指引的路子走下去 高水平谱写实现"两个一百年"奋斗目标的浙江篇章》指出:"浙江文化源远流长、底蕴深厚,人文荟萃、名人辈出,要深入实施中华优秀传统文化传承发展工程,加大文化与自然遗产、历史文化风貌保护力度,挖掘传承地方特色文化,支持良渚遗址申遗,进一步延续浙江文脉。积极谋划我省大运河文化带建设,把大运河文化保护好、传承好、利用好。"

2018 年 5 月,浙江省政府印发《浙江省传承发展浙江优秀传统文化行动计划》,提出"以习近平新时代中国特色社会主义思想为指引,深入贯彻落实党的十九大和省第十四次党代会精神,围绕中心、服务大局,以人民需求为本,以历史传承为脉,以特色文化为魂,深入挖掘和弘扬浙江优秀传统文化蕴含的核心思想理念、中华传统美德、浙江人文精神,坚持创造性转化、创新性发展,充分运用'文化＋''互联网＋',推动文旅融合、文教结合,上下联动、各方协同,助推'四大'建设、乡村振兴,加快推进我省优秀传统文化保护事业的高质量发展、竞争力提升、现代化建设,凸显浙江文脉、浙江元素,打造浙江文化金名片,推进文化浙江建设"的总体要求,计划通过实施浙江世界级文化遗产培育申报工程、传统村落民居保护工程、非物质文化遗产展示体验工程、浙江优秀传统文化研究阐释工程、浙江优秀传统文化精品创作服务工程、浙江特色传统文化重点提升工程,实现"5 年内新申报成功联合国教科文组织世界遗产名录 1 项以上;整理出版浙江优秀传统文化类重要典籍 10 部以上;新创作编排以浙江优秀传统文化为主要内容和表现方式的各类文化精品 60 部以上;修(新)建各类传统文化展览展示设施 200个以上;以传统文化为内容的旅游活动参与人次实现翻一番;优秀传统文化宣传教育覆盖人群 3000 万人次以上"。着力将浙江建设成为新时代中华优秀传统文化传承发展新高地,为浙江高水平全面建成小康社会、高水平推进社会主义现代化建设提供强有力的文化支撑。

《浙江省传承发展浙江优秀传统文化行动计划》高屋建瓴,顶层设计,全面布局,统筹推进,落细落实。计划出台以后,在全省范围内迅速形成党委领导、政府主导、党政群协同、部门地方各负其责、全社会参与的工作新格局,以更加科学的理念,更加高远的目标,更加清晰的思路,更加深广的发动,更加有序的工作,更加新颖的手段,使优秀传统文化传承发展工作在坚定文化自信,增强文化自觉,强化文化担当,为经济社会发展凝聚强大精神力量、提供丰润文化滋养等各个方面,都成为"文化浙江建设"的主体,具有不可替代的重要地位。

第三节　务实笃行、特色鲜明的探索创新实践

优秀传统文化只有走进当下的生活、为今天的社会大众所接受、成为当代文化的组成部分,才是真正具有活力的传承。2006 年 3 月 27 日,习近平同志在中国越剧 100 周年诞辰纪念大会上指出:"中国越剧一百年的发展历程证明,正是秉承着一种与时俱进、开拓进取的创新精神和扎根民间、关注民生的大众情怀,不断学习和吸收各种优秀文化的艺术养分,中国越剧才得以不断超越地域和语言的局限,创造了一个世纪的灿烂辉煌。"[①]这既是对传统越剧创新发展实质的揭示,也可以概括浙江继承和弘扬优秀传统文化所取得的成果。浙江人民凭借丰厚的历史资源禀赋,依靠党和政府与民间社会的充分合力,以丰富生动、特色鲜明的创新实践,为探索具有浙江特色的发展道路、推进现代化浙江建设,提供了来自优秀文化传统的强大力量。

一、开展地域文化研究,奠定传承弘扬基础

浙江人民在漫长岁月里磨砺锤炼、奋勇精进,缔造了丰富多彩、绵密深厚的地域文化。浙江文化名人辈出,有被英国科学史家李约瑟评价为"中国科学史上的坐标"和"中国科技史上的里程碑"的沈括,"位卑未敢忘忧国"的陆游,我国人文地理鼻祖王士性,近代启蒙思想家龚自珍,清末民初思想家、革命家、国学大师章太炎,舍生取义的革命烈士刘英、张秋人、俞秀松、宣中华等,无不昭示着追求真理的矢志不渝,精神气节的凛然不朽;浙江学术思想深厚,

---

① 习近平.干在实处 走在前列:推进浙江新发展的思考与实践[M].北京:中共中央党校出版社,2006:325.

王充的"实事疾妄"精神,王羲之超迈旷达的艺术境界,叶适讲究功利的事功之学,王阳明"知行合一"的哲学观点,黄宗羲批判自觉的空谷足音,蔡元培以美育代宗教的教育思想,等等,无不展现出思想的绿树丛生,智慧如繁花盛开;浙江地域民风丰沛,有义利双行的善谋实利,人我共生的和谐互助,尚德向善的品性修养,崇学重教的耕读传家,穷高极远的探微精研,兼容并蓄的包容开放,创造出璀璨文明业绩,厚重灿烂,气象万千。

浙江各地十分重视地域文化,高校、科研机构和各级地方政府密切合作,开展各种类型地方文化研究,以扎实的文献基础、系统的学理研析、生动的阐释表达,梳理提炼浙江地域传统中的优秀元素,为当代弘扬传承奠定厚实基础。

历史文献整理是对地域文化的理性和务实检视。浙江各地政府以高度的文化自觉和向历史负责的态度,积极组织学者开展本地历史文献整理研究。例如《温州文献丛书》系统整理北宋晚期至新中国成立前后近千年内收录温州地区文化、历史、政治、经济、科技、医学、军事诸多领域的地方文献,为了解、研究、传承温州历史文化提供翔实的文献资料。《衢州文献集成》对衢州历史文献作首次系统的整理汇编,全面摸清了衢州文献"家底",为衢州人民坚定文化自信,传承弘扬地方优秀传统文化奠定坚实基础。杭州、金华、丽水、台州、瑞安等市县均有系统整理本地历史文献的文化工程,成果丰硕。

思想文化研究是对地域文化核心要义的深入理解和阐释。浙江学术思想名家辈出,《王阳明全集》《黄宗羲全集》《刘宗周全集》以及《浙江思想学术史》等相关研究专著的出版,系统梳理浙江学术思想发展脉络,探寻浙江精神文化的历史里程。

诗词、书画、戏曲、南宋文化、吴越国文化等是人文积淀深厚、富有浙江特色的优秀传统文化结晶。浙江以专题文化史形式开展深入研究,取得《浙江文学史》《浙江绘画史》《南宋绘画史》《南宋书法史》《浙江戏剧史》《浙江昆剧史》《浙江婺剧史》《大戏剧视野下的越剧发展生态研究》《永嘉(温州)明清戏曲瓦当艺术婺剧戏服的研究》等众多研究成果,在对典范的研探中深化认识传统的精粹。

地域文化解读是面向社会大众的薪火传承之举。2010 年,为贯彻党的十七届四中全会精神,落实建设马克思主义学习型政党的任务,浙江古籍出版社出版《领导干部国学读本》,分为"资政荟要""艺文类聚""国学津梁",帮助读者了解古代社会历史文化,以备查检参照。2013 年,为落实习近平同志"领导干部要读点历史"的指示,浙江古籍出版社出版《浙江历史人文读本》,包括《长河绵延》《千秋镜鉴》《金声玉振》《岁时年景》《启智开物》《诗渊文薮》《五色影音》《江山风情》8 卷,为广大读者揭示浙江历史上的人文璀璨,学习"前贤先烈的品德情操、多难兴邦的执着奋斗、治国理政的经验教训""爱历史、学历史、知历史、用历史,在共筑共圆'中国梦'的征程中,留下我们无愧于先人、造福于后世的浓墨重彩"。[①]

二、用优秀传统文化充实和推进社会主义核心价值体系建设

构筑当代中国人的价值体系和核心价值观,必定要从中国人的历史来路中去探寻其底蕴和内涵,从中获取继承与扬弃的历史逻辑和依据。中国文化具有泛道德化的倾向,以德治、礼治代政

---

① 夏宝龙.序言[M]//张伟斌.浙江历史人文读本.杭州:浙江古籍出版社,2013.

治、法治是其显著特征。面对独具特色的伦理型文化传统和价值观念,如何在弃其糟粕的基础上取其精华、在继承精华的基础上创新推进,是建设社会主义核心价值体系需要面对的历史性课题,也是浙江在社会主义核心价值体系建设中一直重视开展的工作。

(一)重视发挥红色资源的教育引导作用

中国共产党成立 90 多年来,形成并发展起体系完整、内涵丰富、特色鲜明、意义重大的党史文化,积累了丰富的红色资源。中国共产党领导全国人民进行革命、建设和改革发展的历史,是现当代中国绚烂辉煌的历史;红色资源既是党和中国人民共同的现实创造,也传承自中华民族优秀文化、发展了中华民族优秀文化,是为全中国人民所共有的文化财富和中华优秀文化的必然组成部分。因此,党史文化、红色资源,都是培育和弘扬社会主义核心价值体系的重要精神财富。作为革命红船起航地的浙江,十分重视运用各级爱国主义教育基地、重大节庆活动和纪念日等多种平台、时机和方式深入发掘红色资源,广泛展示、宣传、弘扬党和人民的奋斗历史、革命先烈的英雄事迹,开展各具特色的爱国主义教育、弘扬红船精神和浙江精神。2006 年 10 月,为纪念红军长征胜利 70 周年,大力宣传伟大的长征精神,省委宣传部联合全省 11 个市组织开展省市联动的"长征精神代代传——浙江省红色基地巡礼"活动。2011 年 6 月,由省委宣传部和省旅游局联合主办,设计嘉兴南湖革命纪念馆,湖州长兴新四军苏浙军区纪念馆,宁波浙东抗日根据地旧址,绍兴鲁迅故居及纪念馆、周恩来祖居、秋瑾故居四条线路,开展"百城万人寻访红色印记"活动。

（二）积极开展"我们的节日"主题活动

传统节日是中华民族悠久深厚的历史文化在民间日常生活中的积淀和展现，是中国人亲情的表达、人际的互动、规则的养成、心灵的倾诉和人生的伴随，蕴含着民族个性和精神品格，具有极强的凝聚力。因此，积极开展"我们的节日"活动，是传承优秀传统文化的有效载体。浙江十分重视在春节、清明、端午、中秋、重阳等中华民族传统节日期间，挖掘各个节日的民俗文化和精神内涵，深入开展群众性经典诵读、节日民俗等活动，让人民群众特别是广大青少年熟知经典、亲近经典、热爱经典，使得中华民族源远流长的文明礼仪和优秀民俗重新浸润城乡居民的心灵。

（三）借助国学经典推动核心价值体系大众化

国学经典是中华文明的精华结晶，凝聚着中国人的人生感悟和思想智慧，承载着中华民族的精神力量，是今天建设社会主义核心价值体系的重要底蕴和支撑。在省本级和市县建立各级各类国学传承点，普及优秀传统经典，是浙江推动核心价值体系大众化的一项重要内容，取得了丰富多彩的实效。杭州市推进"国学文化进社区"，向市民及来杭游客免费赠送国学文化读本，举办论坛、讲座、征文比赛、全市中小学生国学知识网络大赛等活动，通过国学文化培育社会形成良好的学习风气和道德风尚。在推进学习型城市建设和基层乡镇、社区、街道、农村等日常文化工作中，基层组织和群众积极挖掘传统文化资源、弘扬民族传统、振兴民族精神、建设精神家园，积极探索，大胆实践，取得了丰富的成效。

（四）传承优秀农耕文明，建设新型农村文化

中国历史上以农立国，中华文化传统筑基于农耕文明，乡村乡民是孕育传承文化传统的主力。直至今天，与城市相比，现代文明在广大农村地区的深入程度尚有较大差距,乡村保存了较为原生态的传统文化的物质样态、生活形制、风俗习惯、思想观念,具有更易认同、实践、传承优秀传统文化的基础。同时,与制度、技术、生产生活方式等看得见的变化相比,思想意识、文化观念的转变,是一个漫长的过程;基于传统社会土壤而成的乡民们的思想观念,尚未发生彻底转变,传统文化中的一些糟粕,在乡民之中仍有留存。而总体上文化知识水平较低,也是实际存在于乡村社会的事实。所有这些,均有碍于社会主义新农村的建设,有碍于青年一代新型农民的成长。因此,在乡村地区继承优秀传统、接续乡村文脉、吸收现代文明、融合创新发展,成为浙江文化建设的重点。

浙江乡村,尤其在山区地带,至今仍然充溢着浓厚的乡土生活情谊,具有深厚的文化传承的社会基础。浙江省委、省政府在尊重群众的自发意愿和首创精神的同时,十分重视规范引导,在传承乡村文脉的基础上正本清源、移风易俗,在老百姓亲切熟悉而又新颜焕然的乡村生活氛围中,推进新型精神家园的建设。

将农村旧祠堂改造成农民文化活动中心,是浙江省一直重视的农村文化工作。2004 年,浦江县在全县农村文化设施调研中了解到,一方面是村级文化设施严重不足,全县 430 个村仅 106 个建有文化活动室;另一方面有 159 个旧祠堂闲置。于是,文化部门结合农民修祠堂、续宗谱的热情,引导当地在修缮后的祠堂里设立多种文化活动。到 2006 年,浦江先后有近百个旧祠堂得到改造,走出了"旧祠堂、新文化"的路径。

恢复传统庙会等民间习俗,也是引导村民凝聚人心、提升素质的有效途径。2006 年,萧山区党山镇恢复具有 100 多年历史的党山雷公庙会,以"丰富群众文化,打造农民节日,提升农村文明,推进科学发展"为主题,为群众提供集娱乐性、趣味性和思想性于一体的"文化大餐",以鲜明的地域性和广泛的群众性,成为深受农民欢迎的农村文化建设有效载体。

用村落特有的优秀历史资源,增强村民文化自信、提供经济发展资源、丰富精神生活世界,在历史文化资源深厚的浙江,比比皆是。桐庐环溪村是北宋文学家、《爱莲说》作者周敦颐后裔族居地,环溪村充分发挥特色资源优势,修缮百年祠堂爱莲堂,创办全县唯一具有法人资格的农村书社爱莲书社,建设爱莲文化广场和爱莲长廊,展示传统"爱莲文化",组织开展《清莲颂》摄影展赛、《爱莲说》少年朗诵大赛、"农民讲坛"等各类群众性活动。

类似形式的多种农村文化活动的开展,发掘、复苏、弘扬了乡土文化,吸收、引进了城市现代文明,乡村陋习得以大量革除,新型农村文化得以建树,乡风文明程度不断提高,村民群众的认可度、参与度大大提升。

三、运用优秀传统文化提升领导干部综合素质和职业素养

古人言"治国先治吏",中国共产党一直十分重视以优良党风凝聚党心民心、带动政风民风。优秀传统文化中积淀有丰富多样的思想智慧,是干部教育的优质资源。此正如习近平同志所言:"领导干部不管处在哪个层次和岗位,都应该读点历史,通过学习历史不断深化对人类社会发展规律、社会主义建设规律和共产党执政规律的认识,不断丰富自己的历史知识,这样才能使自己的眼界和胸襟大为开阔,认识能力和精神境界大为提高,使自己的领导工作水平不断得以提升。"[①]他在《之江新语》中运用优秀传统文化

---

① 习近平.领导干部要读点历史[N].学习时报,2013-04-28.

加强党员干部教育的做法,在浙江起到了很好的表率作用。2003年以来,浙江一直十分重视挖掘历史资源开展领导干部廉政文化教育,以此提升领导干部的综合素质和职业素养。

(一)借鉴运用历史资源开展廉政文化教育

2005年,浙江人民出版社出版《廉政镜鉴丛书》(6册),包括《古今廉文注译》《中国廉政史话》等册。《中国廉政史话》系统梳理从先秦至民国时期的中国廉政发展史,特设一章专述"中国共产党的廉政新风(1921—1949)"。《古今廉文注译》收录古今论述廉政之文,分为"勤政爱民""公正廉洁""礼贤纳谏""修身治家""中共领袖廉政"诸篇和"廉政名言警句集萃"附录。

(二)在党校培训、干部教育活动中学习优秀传统文化

传承弘扬优秀传统文化的良好氛围同样存在于干部教育学习中。2011年,上城区深入挖掘中华传统文化资源,大力开展"学《弟子规》,做文明人"主题教育活动,以之作为落实"我们的价值观"主题实践活动的重要抓手、学习型城区建设的重要内容。《弟子规》是古代蒙学读物,成年干部学蒙学,是特殊历史条件下的时代产物。当代绝大多数人的生长环境、养成方式、教育经历、知识结构等几乎各个方面,都与传统文化泾渭相隔,这种现象无关乎社会成员个体的成长经历,而相关于我们社会近代以来的历史路径、文化观念、教育体系和社会氛围。因此,如何在全球化的时代大势中,既以开放的姿态、包容的胸怀向西方学习,又保住中华民族的根基、元气和自身特征;如何发掘揭示优秀传统文化的价值、清楚彰显优秀传统文化的智慧和魅力,以翔实史实、清晰学理、生动言说使人心服口服地接受、认同优秀传统文化,是历史赋予我们的义不容辞之责。补上优秀传统文化这一课,就是十分基础而又重要的迫切之需。《弟子规》里的做人道理,既是个人修养素质的基本元素,又何尝不是为官之道的必要基础。上城区的做法,正是面对现实而做的有效安排,体现了实事求是的精神和务实的作风。

综上所述,浙江以务实笃行、特色鲜明的探索,将优秀传统文化活化在日常生活之中、渗透在日常工作之中、熔铸进精神世界之中,以充满活力的生动传承,走进了今天的生活,接轨了当下的时代,涵养了浙江人的精神品格,深化了浙江经济社会发展的内涵,提升了浙江现代化事业的文化品质,在实现优秀文化传统当代价值方面,做出了富有实效的创新实践。

◆◆【案例 1-1】

编纂"中国历代绘画大系",致敬中华优秀传统文化

2005 年 7 月,为响应浙江省委关于加快建设文化大省的决定,时任浙江大学党委书记张曦向习近平同志报告了浙江大学与省文物局合作编纂、出版《宋画全集》的建议,立即得到了习近平同志的支持。习近平同志明确表示,这一构想很好,值得为此努力。"习书记离开浙江去上海履新前,还专门询问了这项工作的进展。"张曦说,"2008 年 7 月,《宋画全集》开印前,他又亲自审定序言,勉励我们再接再厉、善始善终,完成好这一光荣历史任务。"2010 年 9 月,《宋画全集》将告完成之际,编纂团队计划拓展实施"中国历代绘画大系"项目。对此,习近平同志又作出批示:"下一步出版'中国历代绘画大系'的打算很好,可积极向有关部门汇报,争取各方支持。"2015 年 5 月 26 日,习近平总书记到浙江考察,在杭州仅停留一夜。当晚他又安排出时间,详细听取了张曦关于"大

系"项目等工作情况。第二天,在省委、省政府工作汇报会上,他再次肯定了这个项目的意义。2015年8月20日,习近平总书记又在有关"大系"的报告上作出了重要批示。

时至今日,《宋画全集》《元画全集》已成功出版,《先秦汉唐画全集》《明画全集》《清画全集》编纂、出版工作正在紧张进行。这个项目是浙江对国家的承诺、对中国优秀传统文化的致敬,11000余件高清佳作钩沉中国古代画史,使流散在世界各地的中华优秀传统瑰宝得以汇聚再现。"12年来,这个项目始终凝聚了习近平总书记的大量心血,充分展示了他对大规模系统整理中华优秀传统文化工作的高度重视,生动体现了他'踏石留印、抓铁有痕',率先垂范,一抓到底的工作作风,从而使我们进一步坚定了文化自信和建设社会主义文化强国的决心"张曦说。

案例来源:凝魂聚气铸自信——习近平总书记在浙江的探索与实践·文化篇[N].浙江日报,2017-10-11(1).

案例简析 >>>

"中国历代绘画大系"是习近平总书记多年来高度重视、持续关注、多次作出重要批示的国家级重大文化工程。中国古代绘画艺术是中华文化宝库中的璀璨珍宝,以宋、元绘画为代表的精品佳作代表了东方审美文化的品质和典范。系统收集、整理、出版中国历代绘画作品并开展相关深入研究,在感受古典审美趣味、学习丰富历史知识、认识悠久中华文明、传承优秀传统文化、传播中华美学思想等方面,均具重要意义和价值。"中国历代绘画大系"项目的开展和出版,是浙江和全国传承和弘扬优秀传统文化的重大成果,是我国当代文化建设中令人瞩目、卓见成效、具有国际文化影响力的重要创新之举。

◆◆◆【案例 1-2】

习近平同志关心支持龙泉青瓷博物馆建设

2005年,习近平同志第三次来到龙泉考察。在考察完竹垟畲族乡后回城区的车上,时任龙泉市委书记赵建林向习近平同志汇报了龙泉青瓷文化的传承工作,并提出了建博物馆的想法。习近平同志说,龙泉青瓷是民族文化的瑰宝,应该好好保护,可以建一个新的博物馆。他还特别叮嘱赵建林,新馆不一定规模很大,但一定要有个性和特色。在习近平同志的关心下,省财政很快落实了补助资金,帮助龙泉启动了博物馆建设项目。"龙泉这样的山区欠发达县,如果没有习书记的关心支持,绝不可能建成这么一个博物馆。"赵建林说。龙泉人民始终感念在怀,至今记忆犹新,为表感恩之情,特意在博物馆广场前设置了一块景观石,上面刻了三个大字"关怀石",石头的背面,用文字介绍了习近平同志重视关心龙泉青瓷博物馆建设的情况。如今,龙泉做起了"文化+"文章,依托青瓷博物馆这一地标性建筑,推动文化产业"提挡加速"。龙泉剑瓷产业支柱产业地位正在逐步显现,2016年剑瓷文化产业产值达30.2亿元,文化产业增加值占 GDP 比重达到10%。

案例来源:凝魂聚气铸自信——习近平总书记在浙江的探索与实践·文化篇[N].浙江日报,2017-10-11(1).

案例简析 〉〉〉

作为入选联合国教科文组织人类非物质文化遗产名录的陶瓷类项目,龙泉青瓷名扬天下,而其技艺的继承与发扬,龙泉青瓷博物馆功不可没。历史的赓续、文化的绵延、传统的维系,均在于保护传承前提下的创新发展、当代价值的发掘弘扬。习近平同志认为,"保持和发展本民族文化的优良传统,积极吸取世界其他民族的优秀文化成果,实现文化的与时俱进,是关系党和国家前途与命运的重大问题"。与时俱进是从规律性、时代性、创造性的内在联系中分析看待事物、推动社会发展的历史唯物主义观点,习近平同志强调文化的与时俱进,体现了他在创新中求发展的文化发展理念。在浙江重要文化遗产创造性转化创新性发展的成功案例中,几乎都能看见习近平同志亲力亲为的身影,为浙江留下了丰富的历史性成果。

◆ 本章小结

1.习近平同志在传承弘扬优秀传统文化上的理性思考、理论研究和丰富实践,顺应了21世纪中华民族伟大复兴的历史潮流,带领浙江人民在省域层面为"在中国大地上探寻适合自己的道路和办法",做出具有鲜明地方特色的积极探索,提供生动可见的经验和启示,具有内涵丰富、意蕴深长的实践价值和历史意义。

2.中华优秀传统文化是涵育当代文化发展的根基,要始终坚持以爱国主义为核心的民族精神和以改革开放为核心的时代精神,以社会主义核心价值体系建设为根本,提升优秀传统文化当代传承的精神品质,为社会大众引领传承弘扬优秀传统文化正确方向。

3.传承弘扬优秀传统文化要坚持保护第一原则,注重与当代需求相结合,有效转化、创新发展历史资源的多种价值,体现区域特色和时代特征。

◆ 思考题

1.谈谈学习习近平同志有关传承弘扬优秀传统文化重要论述的体会。

2.如何理解"独特的文化传统,独特的历史命运,独特的基本国情,注定了我们必然要走适合自己特点的发展道路"?

3.在传承弘扬优秀传统文化工作中,地方政府应该发挥哪些作用?

◆◆ **拓展阅读**

1.习近平.之江新语[M].杭州:浙江人民出版社,2007.

2.浙江省政府办公厅.浙江省人民政府关于印发浙江省传承发展浙江优秀传统文化行动计划的通知:浙政发[2018]17号[A/OL].(2018-05-14)[2019-12-11].http://www.zj.gov.cn/art/2018/5/22/art_12460_297193.html.

3.张伟斌,陈野.浙江历史人文读本[M].杭州:浙江古籍出版社,2013.

4.姜义华.中华文明的根柢 民族复兴的核心价值[M].上海:上海人民出版社,2012.

要认清物质文明建设和精神文明建设的最终目的是什么,GDP、财政收入、居民收入等等是一些重要指标,但都不是最终目的,其最终目的就是要促进人的全面发展,包括改善人们的物质生活、丰富人们的精神生活、提高人们的生活质量、提高人们的思想道德素质和科学文化素质等等。

——习近平.物质文明与精神文明要协调发展[M]//之江新语.杭州:浙江人民出版社,2007:95.

第二章　培育建设先进文化
　　　　增强浙江文化凝聚力

◆◆ **本章要点**

1.浙江文化建设高度重视先进文化建设,始终坚持马克思主义指导地位,坚持马克思主义及其中国化最新理论研究和学习,强化理论武装,重视宣传思想文化工作,巩固共同思想基础,增强社会凝聚力。

2.面对经济高速发展、社会急剧转型的现实,浙江大力加强与社会主义市场经济相适应的道德伦理秩序和精神文明建设,尤其重视对未成年人、大学生、流动人口、农村留守人员等特殊群体开展不同形式思想道德工作,全面提升公民道德素质,为经济社会发展提供强大精神动力和价值指引。

3.历届浙江省委高度重视、大力构建社会主义核心价值体系,注重将培育弘扬社会主义核心价值观与浙江地域文化传统、经济社会发展需求、群众生活经验相结合,不断用社会主义核心价值观引领社会思潮、弘扬社会正气、培育文明风尚。

2004 年,习近平同志准确预判浙江发展,认为浙江将处于"六个时期",即经济发展的腾飞期、增长方式的转变期、各项改革的攻坚期、开放水平的提升期、社会结构的转型期、社会矛盾的凸显期[①]。这一时期浙江阶段性发展特征决定了浙江经济社会发展的任务艰巨,迫切需要重视先进文化的引领。

第一节　用发展着的马克思主义指导新的实践

坚持马克思主义在意识形态领域的指导地位,用发展着的马克思主义指导新的实践,是浙江文化建设的基本原则,始终贯穿落实在文化建设的各种领域、各个环节、各项工作中。

一、重视开展马克思主义理论研究

浙江始终坚持紧密结合时代发展新特点、现代化建设新实践、人民群众新创造和党的执政能力建设新要求,努力回答改革发展中的重大理论和现实问题,不断推进理论创新。在马克思主义基本原理、中国特色社会主义理论体系和马克思主义中国化最新理论成果习近平新时代中国特色社会主义思想等各个领域开展深入研究。浙江理论界、社科界和广大专家学者积极开展马克思主义研究、新时代党的创新理论研究和我省创新实践研究,着力推进习近平新时代中国特色社会主义思想的研究阐释工作,坚定不移地用习近平新时代中国特色社会主义思想武装头脑、指导实践、推动工作,为党和人民述学立论、建言献策。

浙江重视研究机构、团队、平台建设,通过在省内高校成立马

---

① 习近平.干在实处　走在前列:推进浙江新发展的思考与实践[M].北京:中共中央党校出版社,2006:31-33.

克思主义学院、成立浙江省中国特色社会主义理论体系研究会和浙江省理论宣传研究会、组建中国特色社会主义理论体系研究中心、专设省社科规划马克思主义理论研究和建设工程、开展重大专题项目研究、举办理论研讨会等活动,全方位、多角度开展马克思主义理论研究,尤其重视发挥浙江省中国特色社会主义理论体系研究中心在马克思主义理论研究中的龙头引领作用。成立于 2006 年 4 月的浙江省中国特色社会主义理论体系研究中心,是浙江省首批哲学社会科学重点研究基地,2015 年 9 月升格为全国中国特色社会主义理论体系研究中心。研究中心拥有全省 16 家高校和省委党校、省社科院、省人大、省政协共计 20 家马克思主义研究机构,整合全省马克思主义理论和中国特色社会主义理论研究力量,依托交叉立体学科结构,将"马克思主义整体性研究""中国特色社会主义理论体系研究""中国特色社会主义在浙江实践研究"列为主要研究方向,积极推动国家"马工程"等课题落实开展,主动开展以研究宣传马克思主义中国化最新理论成果、总结浙江改革开放现实实践经验为特色的相关研究。随着马克思主义中国化、中国特色社会主义理论及重大现实问题和习近平新时代中国特色社会主义思想研究的不断深化,形成一批具有浙江特色的理论成果,成为浙江省马克思主义理论研究与建设工程的主力军和重要阵地、省委、省政府科学决策的重要"智库"。2019 年,研究中心立足浙江作为习近平新时代中国特色社会主义思想重要萌发地的理论"富矿"优势,深化习近平新时代中国特色社会主义思想研究,积极深入开展各项课题研究,在课题牵引、理论研讨和成果出版等方面均取得优异的成果。

近年来,在马克思主义基本原理研究方面,取得《马克思主义历史进步思想的基础命题和原则立场》《马克思历史认识模式的复杂性及实践解读》《启蒙理性及现代性：马克思的批判性重构》《马克思主义生态哲学综论》《马克思意识形态理论逻辑进程》等丰富成果。在中国特色社会主义理论体系研究方面，出版《马克思主义中国化：历程、经验与启示》《构建人类命运共同体对历史唯物主义的原创性贡献》《全面深化改革：马克思主义总体方法论创新发展》《马克思主义在中国早期传播史料长编（1917—1927）》《读懂基本方略》等有影响力的研究论著。在中国特色社会主义在浙江实践研究方面，取得《浙江经验与中国发展》《中国梦与浙江实践》《习近平科学的思维方法在浙江的探索与实践研究》等富有浙江特色的重要成果。在《人民日报》《光明日报》《求是》等全国大报要刊上发表了一大批学术论文和理论文章。2019 年，"习近平新时代中国特色社会主义思想在浙江的萌发与实践"系列研究取得成果；省委理论学习中心组重头文章《在新时代大力弘扬"求真务实、诚信和谐、开放图强"的浙江精神》引发热烈反响。第二届红船论坛、"浙江精神与新时代新使命"理论探讨会、大陈岛垦荒精神理论探讨会、"建立健全为民办实事长效机制"15 周年理论研讨会、践行"真""情""实""意"构建中国特色哲学社会科学座谈会等多项活动亮点纷呈。

二、坚持理论学习，强化理论武装

正确的理论指导是浙江经济社会发展持续保持走在前列的根本原因。在文化建设中，浙江始终坚持马克思主义在意识形态领域的指导地位，始终坚持文化建设的正确方向，把加强党的思想理论建设放在首位。持之以恒地用先进思想凝魂聚气，把深入学习马克思列宁主义、毛泽东思想、邓小平理论、"三个代表"重要思想、科学发展观和习近平新时代中国特色社会主义思想作为推进文化建设的重中之重,用科学理论武装头脑、教育人民、指导实践、推动工作。特别是党的十八大以来,作为习近平新时代中国特色社会主义思想的重要萌发地,浙江省全力抓好习近平新时代中国特色社会主义思想学习宣传贯彻。省委制定了《浙江省党委(党组)理论学习中心组学习实施办法》,以上率下,带头学习。

2004年9月,党的十六届四中全会通过的《中共中央关于加强党的执政能力建设的决定》提出,要坚持马克思主义在意识形态领域的指导地位,不断提高建设社会主义先进文化的能力,加强马克思主义理论研究和建设,牢牢把握舆论导向,加强和改进思想政治工作等。11月,浙江省出台《中共浙江省委关于认真贯彻党的十六届四中全会精神　切实加强党的执政能力建设的意见》,明确提出了"致力于巩固党执政的文化基础,全面推进文化大省建设,不断增强建设社会主义先进文化的本领"的战略部署,并在巩固马克思主义指导地位、加强精神文明建设和思想道德建设等方面做出了具体部署。习近平同志要求全省干部在对马克思主义的"时代背景、实践基础、科学内涵、精神实质和历史地位认识上达到新的高度""努力在真学、真懂、真信、真用上下功夫,切实达到理论上弄通,思想上搞清、行动上落实,工作上创新"①。

党的十六大召开以后,浙江省委按照中央的部署,带头学习、带头宣讲十六大精神,时任省委书记习近平多次到基层和高校进行宣讲。2003年,浙江省委根据中央部署,学习贯彻"三个代表"重要思想。省委理论中心组学习了8次,举办了"三个代表"重要思

---

① 习近平.干在实处　走在前列:推进浙江新发展的思考与实践[M].北京:中共中央党校出版社,2006:14.

想理论研讨会、领导干部读书班,轮训县处级干部 2.4 万人。2004 年,中央提出科学发展观,浙江积极开展树立落实科学发展观、学习党的最新的理论创新成果宣传教育活动。省委中心组组织 10 次专题学习,开展"弘扬求真务实精神、大兴求真务实之风"等专题学习活动,召开"邓小平理论与浙江实践"理论研讨会、座谈会等。2005 年,省委专题学习 30 次。2007 年,党的十七大提出"中国特色社会主义理论体系",浙江省着力宣传普及科学发展观和中国特色社会主义理论体系,创造性地把科学发展观运用于解决浙江的发展问题。2012 年,党的十八大召开之后,浙江开展学习领会十八大精神、十八届三中全会精神和"习近平总书记系列讲话精神"的宣传教育活动。省委中心组组织专题学习 20 次,开展对中国特色社会主义理论体系的宣讲达 10 万场次,听众超过 1000 万人。不断创新中国特色社会主义理论学习宣传形式,开通"浙江微言"网络理论学习平台,在全国率先建立理论微博群。

党的十九大以来,浙江省委认真学习习近平新时代中国特色社会主义思想,立足浙江"三个地"的定位,不断加强理论研究,开展习近平新时代中国特色社会主义思想在浙江的探索和实践等重大课题研究,举办理论研讨会、座谈会、培训班,推动浙江干部群众对马克思主义中国化的最新理论成果的学习和理解,增强运用习近平新时代中国特色社会主义思想指导浙江实践的能力和水平。2019 年,省委理论学习中心组集中学习 14 次,先后就习近平同志在省部级主要领导干部坚持底线思维着力防范化解重大风险专题研讨班上的重要讲话、在庆祝中华人民共和国成立 70 周年大会上的重要讲话、学习贯彻《中国共产党宣传工作条例》、推进媒体深度融合等举行专题学习会。

三、用先进文化牢牢占领思想文化阵地

牢牢把握先进文化的前进方向,是社会主义文化建设的根本问题。习近平同志谋划加快建设文化大省始终坚持的一项基本原则,就是高度重视先进文化的引领作用。他认为:"在我国进入全面建设小康社会,加快推进社会主义现代化建设的新的发展阶段,在实现中华民族伟大复兴的历史进程中,先进文化在启迪人民始终保持奋发有为、昂扬向上的精神状态,促使全社会形成共同的理想和精神支柱,激励全民族万众一心、不懈奋斗等方面,有着强大的号召力、吸引力和凝聚力。因此,坚持先进文化的前进方向,关系到社会主义精神文明的全面建设,关系到中国特色社会主义文化的发展和繁荣,也关系到改革开放和现代化建设事业的前途和命运。"只有坚持先进文化的前进方向,"我们的文化建设才能沿着正确的道路健康发展,抑制和消除一切落后的、腐朽的思想文化影响,不断地创造出先进的、健康的社会主义崭新文化,不断地培养出适应社会主义现代化建设需要的有理想、有道德、有文化、有纪律的新人"。①

《中共浙江省委关于加快建设文化大省决定》首先强调必须增强先进文化的凝聚力,把"全面提高人的素质"作为加快建设文化大省的核心内容。增强先进文化凝聚力与解放和发展文化生产力、提高公共服务能力一起构成文化软实力的有机组成部分,成为浙江文化建设总体目标的重要领域。在建设内容上,包括始终坚持马克思主义在意识形态领域的指导地位,不断推进理论创新,发扬浙江优秀历史文化传统,积极推进文化创新,大力发展先进文

---

① 习近平.干在实处　走在前列:推进浙江新发展的思考与实践[M].北京:中共中央党校出版社,2006:299.

化,大力弘扬以爱国主义为核心的民族精神和以改革创新为核心的时代精神,坚持和发展"自强不息、坚韧不拔、勇于创新、讲求实效"的浙江精神,与时俱进地倡导和弘扬"求真务实、诚信和谐、开放图强"的精神,深入开展思想道德建设和精神文明创建活动等内容。

积极推进马克思主义大众化工作。推进马克思主义大众化是建设具有强大凝聚力和引领力的社会主义意识形态,使全体人民在理想信念、价值理念、道德观念上紧紧团结在一起的重要举措。马克思主义大众化,既包括形式方面的要求,即生动活泼、喜闻乐见,使之"通俗化";也包括内容方面的要求,即一切为了人民、服务人民,使马克思主义内化成人民群众的精神生命。多年来,浙江着力推进马克思主义大众化工作。一是以宣讲传播提高人民群众的理论站位。重点实施中国特色社会主义理论体系普及计划,建立马克思主义讲习所、全国阅读示范学校、社科云讲坛、南湖讲坛、"王金法广播""李家播报""乡音宣讲""根旺说新闻"乡音宣讲队、理论宣读"连锁超市"等载体。2019年,《习近平新时代中国特色社会主义思想学习纲要》发行量357万册,居全国前列;"学习强国"学习平台注册用户近460万人,非党员用户近30%;千支宣讲团、万名宣讲员活跃在山村海岛、车间田间,把党的好声音传遍基层每个角落;电视理论节目《中国共产党为什么能》吸引大批年轻人。使群众知道了理论学习的重要性,提高了理论站位。二是以鲜活形式提高人民群众的理论认知。创新推出"我最喜爱的习总书记的一句话""我在之江读'新语'""手机党课""党建评书流动站"等活动,特别是用好用活新媒体平台。三是以亲身体验提高人民群众的理论素养。开展"绿水青山就是金山银山"之路伴我行、品格阅读分享会、好故事大家讲、传承与弘扬"大陈岛垦荒精神"等群众性的参与体验活动，让人感受理论的力量，进而将之转化为续写"八八战略"新篇章、奋力推进"两个高水平"建设的精神动力。①

努力增强主流意识形态的引领力、凝聚力。党的十八大以来，浙江紧紧抓住党和国家事业发生历史性变革的重大契机，在宣传思想文化领域唱响主旋律、打好主动仗、传播正能量。深入开展习近平新时代中国特色社会主义思想和中国梦重大主题宣传，推出"习近平总书记在浙江的探索与实践"重大主题报道，组织开展"新时代新气象新作为"、经济转型升级、全面深化改革、"最多跑一次"改革等主题报道。持续推进中国特色社会主义和中国梦网上宣传教育，推出"领航新征程""点亮正能量　圆梦新时代"重大网络主题宣传，有效构筑起网上正能量传播体系。成功举办六届世界互联网大会，为推动信息经济发展、增强中国在世界互联网治理格局中的话语权作出了积极贡献。

大力弘扬红船精神，传承先进文化红色基因，凝聚起浙江人民不忘初心、牢记使命、永远奋斗的强大力量。浙江历届省委高度重视传承和弘扬红船精神，推动党员、干部和群众自觉把红船精神融入血脉、化作基因。特别是党的十八大以来，浙江以强烈的政治责任感和历史使命感，推动红船精神在新时期不断发扬光大。持续开展"看一次展览、听一次党课、学一次党章、观一次专题片、瞻仰一次红船、重温一次入党誓词"的"六个一"党性教育活动。组建红船精神研究院和浙江红船干部学院，举办首届红船论坛，形成了一批重大研究成果，面向海外翻译出版红船精神著作。积极开展多

---

① 中共浙江省委宣传部编."零距离"纪实 基层宣传思想文化工作"三贴近"优秀百例[M].杭州:浙江人民出版社,2016:3.

种形式的宣传教育,建立红船精神展示厅,建设网上南湖革命纪念馆,组建红船精神宣讲团,开展"红船驶进新时代"巡回宣讲,组织系列文艺创作,推动红船精神使之家喻户晓、深入人心。

高度重视宣传思想文化工作。浙江改革开放以来的经济高速发展,带来物质生活水平的不断提高,人们随之对精神文化生活提出新的更高要求。这不仅给文化建设注入了新的动力,也使得精神文化产品的生产与人民群众日益增长的精神文化需求之间的矛盾更加突出。不断满足人民群众日益增长的多层次精神文化需求,推动人的全面发展,成为浙江现代化建设的一项重大而紧迫的任务。作为面向全省人民和基层社会弘扬先进文化、学习科学理论和坚定理想信念的重要领域,宣传思想文化工作岗位重要,责任重大,作用显著,在文化以及全局工作中都占有重要位置。宣传思想工作从根本上讲是做人的工作。习近平同志一直把实现人的全面发展作为文化建设的最终目标,强调"文化即'人化',文化事业即养人心志、育人情操的事业",必须充分认识文化具有的教化功能,紧紧围绕"人"这个中心开展,"坚持以人为本,促进人的全面发展和社会全面进步,不断提高全省人民的思想道德素质、科学文化素质和健康素质"。① 习近平同志高度重视宣传思想文化工作,他认为:"加快建设文化大省,就是要顺应时代大潮,提高文化自觉,始终坚持用先进文化牢牢占领思想文化阵地、统领意识形态领域,坚决抵御西方敌对势力'西化''分化'的政治图谋和各种腐朽、落后的思想文化的渗透,确保文化安全。"② 他高度重视宣传思想文化

---

① 习近平.干在实处 走在前列:推进浙江新发展的思考与实践[M].北京:中共中央党校出版社,2006:298.

② 习近平.干在实处 走在前列:推进浙江新发展的思考与实践[M].北京:中共中央党校出版社,2006:290.

阵地建设,对具体建设内容和要求都有深入思考,做出系统布局:"就是要不断巩固全省人民团结奋斗的共同思想基础,激励广大干部群众始终保持昂扬向上、奋发有为的精神状态,不断增强社会发展的生机和活力;就是要大力弘扬正确的世界观、人生观、价值观,努力形成以和为真、以和为善、以和为美、以和为贵的社会价值取向,不断提高人民群众的思想道德素质;就是要教育和引导全省人民诚实守信、平等友爱、与人为善、尊重差异,净化社会风气,维护社会秩序,完善社会功能,促进社会公平,不断提高社会文明程度;就是要积极借助精神产品的教化功能,让大众在各类文化活动中接受教育、感受快乐、享受文明,进一步引导精神消费,满足精神需求,丰富精神世界,促进社会成员人格、意志、品格的不断完善,不断营造良好的社会氛围。"①在具体工作方法上,习近平同志也有思考,要求从大众传媒引导与文学艺术感化相结合、运用经济手段与提供法律支持相结合等方面着手,不断探索新途径、新手段。多年来,浙江宣传文化部门在探索马克思主义大众化、弘扬浙江精神和红船精神、培育社会主义核心价值观、加强思想道德和精神文明建设、文化惠民等众多方面,搭建多种平台,实施各类项目,开展各种丰富多彩的活动。

强化教育引导、实践养成、制度保障,发挥社会主义核心价值观对国民教育、精神文明创建、精神文化产品创作生产传播的引领作用。浙江始终坚持面向群众、面向基层的工作导向,注重把社会主义核心价值观融入社会发展各方面,融入法治浙江建设之中,提高人民思想觉悟、道德水准、文明素养,提高全社会文明程度。广

---

① 习近平.干在实处　走在前列:推进浙江新发展的思考与实践[M].北京:中共中央党校出版社,2006:291.

泛开展理想信念教育,大力弘扬民族精神、时代精神和浙江精神,加大研究、阐释和宣传力度,内化为全省上下的价值认同和精神追求。持续推进社会公德、职业道德、家庭美德、个人品德建设,深化时代楷模、道德模范、最美人物、身边好人学习活动。主动融入乡村振兴大战略,大力培育文明乡风、良好家风、淳朴民风。拓展群众性精神文明创建,深化"礼让斑马线"、厕所革命、垃圾分类等活动,形成与时代要求相适应的文明新风。

四、坚持党管意识形态不动摇

文化具有高度的意识形态属性,建设中国特色社会主义文化,必须正确把握文化的政治属性和意识形态属性,把建设社会主义意识形态贯穿于文化建设的全过程。坚持马克思主义在意识形态领域的指导地位,坚持党管意识形态不动摇,是社会主义文化建设的指导思想,习近平同志明确要求浙江文化建设必须"坚持用先进文化牢牢占领思想文化阵地、统领意识形态领域,确保文化安全"。新闻舆论、哲学社会科学研究都是意识形态的重要组成部分,是重要的意识形态阵地。

社会主义新闻事业是党的事业的有机组成部分,新闻媒体是党和人民的喉舌,在党和国家的建设事业中具有举足轻重的位置。"新闻宣传一旦出了问题,舆论工具一旦不掌握在真正的马克思主义者手中,不按照党和人民的意志、利益进行舆论导向,就会带来严重的危害和巨大的损失。"习近平同志为此提出"坚持政治家办新闻"的观点,"坚持政治家办新闻,就是要始终坚持讲政治,切实增强政治意识、大局意识和责任意识,增强政治鉴别力和政治敏锐性,增强识别、抵制各种错误思想倾向的能力,在任何复杂多变的形势面前,时刻保持清醒的头脑,始终自觉地在思想上、政治上与党中央保持一致。坚持政治家办新闻,就是要围绕中心、服务大局,始终坚持新闻为社会主义服务、为人民服务的基本方针,客观真实准确地反映中国先进生产力的发展要求,反映中国先进文化的前进方向,反映中国最广大人民的根本利益。坚持政治家办新闻,就是要牢牢把握新闻宣传工作的正确方向,弘扬主旋律,提倡多样化,坚持正面报道为主,同时加强舆论监督,大力宣传一切有利于发扬爱国主义、集体主义和社会主义,有利于改革开放和现代化建设,有利于民族团结、社会进步和人民幸福,有利于用诚实劳动争取美好生活的思想和精神,为改革开放和现代化建设创造良好的氛围。"①他对浙江新闻工作提出坚持新闻的党性原则,增强政治意识、大局意识、责任意识的要求;从讲政治、顾大局、善创新、强素质等方面,对浙江的"新闻媒体和舆论宣传工作,如何更好地适应新形势和新任务的要求,牢牢把握先进文化的前进方向,为浙江发展提供精神动力、智力支持和舆论氛围;如何更好地坚持团结稳定鼓劲、正面宣传为主的方针,进一步做好新形势下的新闻宣传工作;如何更好地贴近实际、贴近生活、贴近群众,进一步发挥舆论的正面引导作用;如何更好地立足浙江、宣传浙江、服务浙江,推动浙江经济社会又快又好发展"②提出自己的思考和看法。要求新闻工作者在思想上必须坚持马克思主义的指导地位,在政治上必须坚持同党中央保持一致,在工作上必须坚持为人民服务、为社会主义服务和为全党全国工作大局服务,在组织上必须坚持党对新闻工作的领导,确保党的各级各类新闻机构的领导权牢牢掌握在忠于

---

① 习近平.干在实处 走在前列:推进浙江新发展的思考与实践[M].北京:中共中央党校出版社,2006:307-308.

② 习近平.干在实处 走在前列:推进浙江新发展的思考与实践[M].北京:中共中央党校出版社,2006:309-310.

马克思主义、忠于党和人民的人手里。

哲学社会科学既是科学,又具有意识形态性属性。2004 年 12 月 23 日,在浙江省社科联第五次代表大会上,习近平同志用"真""情""实""意"四个字,提出他对浙江社科联组织和社科工作者的要求。第一个字"真",就是要真正坚持马克思主义的指导地位,表明的是一种立场;第二个字"情",就是要对哲学社会科学工作充满激情,显现的是一种态度;第三个字"实",就是要坚持理论联系实际,强调的是一种方法;第四个字"意",就是要树立精品意识,提出的是一种导向。"总之,'真''情''实''意'这四个字合起来,就是要求我们各级社科联组织和广大社科工作者,真情实意地为人民服务、为社会主义服务,真情实意地搞好有利于国家富强、民族兴旺、社会安定、文化繁荣的基础研究和应用研究,真情实意地为加快我省全面建设小康社会、提前基本实现现代化奉献毕生的智慧和才情。"①

2005 年实施的加快建设文化大省八项工程中,唯一由习近平同志亲自担任指导委员会主任的,就是文化研究工程,体现了他对哲学社会科学研究的重视关切。工程围绕"今、古、人、文"四大主题,即"浙江当代发展问题研究""浙江历史文化专题研究""浙江名人研究""浙江历史文献整理",首次系统梳理、考订浙江历史文化、文化名人及其学术思想和著述,对濒临失传的传统文化经典进行抢救性整理和发掘,全方位总结改革开放 30 多年来浙江经济社会发展历程及其成就的人文基因和精神渊源。作为迄今为止国内最大的地方文化研究项目之一,文化研究工程充分发挥了认识世界、传承文明、创新理论、资政育人、服务社会的重要作用。第一期设

---

① 习近平.干在实处 走在前列:推进浙江新发展的思考与实践[M].北京:中共中央党校出版社,2006:315.

立研究项目 811 项,全省 1000 多位专家学者参与课题攻关,出版学术专著 1000 多部。2017 年 3 月,启动第二期项目研究,计划通过 5 年努力,推出一批在全国有重大影响的精品成果,到 2021 年底形成有浙江特色的当代"浙学"品牌。

2005 年 6 月,习近平同志率领浙江代表团访问中国社会科学院,与该院领导和专家学者会聚一堂,商讨浙江省与中国社会科学院开展全面合作事宜,双方签署了合作意向书。一年半后,六卷本《浙江经验与中国发展——科学发展观与和谐社会建设在浙江》在杭州首发。首发式上,习近平同志强调,此项课题研究是迄今为止在浙江进行的最具理论权威、规模最大、最为系统的一次对浙江精神的全面总结,也为浙江今后开展理论总结、进行各项经验调研提供了一些经验。"浙江的发展实践,确实能够为社科院开展理论研究和经验总结提供空间和素材。在浙江,既有成功的经验,也有成长的烦恼;既有先发优势,也有先发的矛盾和问题;既有全国性的普遍问题,也有带有明显浙江特色的个性问题。"此后,中国社会科学院与浙江省再次合作启动了"中国梦与浙江实践"等重大课题研究工作,结出累累硕果。

五、努力建设具有浙江特色的清廉文化

浙江高度重视廉政文化建设,省委十一届八次全体会议把廉政文化建设纳入建设文化大省的总体规划:"开展廉政文化建设,推进廉政文化进机关、进社区、进学校、进企业、进农村、进家庭,在全社会弘扬以廉为荣、以贪为耻的良好风尚。"2005 年 7 月,省委正式下发《关于加强廉政文化建设的意见》,要求通过 5 至 10 年的努力,建立起具有鲜明时代特征和浙江特色的廉政文化体系。浙江省在廉政文化建设中既注重加强党员领导干部的党性修养和道德

修养,增强他们的廉洁自律意识,充分发挥其导向和示范作用,又在全社会全面开展廉政文化"六进"活动:以"为民、务实、清廉"为主题,推动廉政文化进机关;以"敬廉崇洁"为主题,推动廉政文化进学校;以"诚信廉洁、依法经营"为主题,推动廉政文化进企业;以"树廉洁家风"为主题,推动廉政文化进家庭;以"创清风家园"为主题,推动廉政文化进社区;以"创清廉村风"为主题,推动廉政文化进农村。2017年,第十四次省党代会决议将"清廉浙江"列入"六个浙江"建设目标,体现了省委对全面从严治党的高度重视,对浙江政治生态的高度关注,对浙江广大党员干部的高标准严要求。同时,清廉浙江不仅是对浙江共产党员和干部的要求,也是对浙江整个社会的要求,要做到人人守法纪,个个讲规矩,形成诚实守信、公平正义、崇德遵法、风清气正的社会氛围。

第二节 大力推进思想道德和精神文明建设

思想道德和精神文明建设是浙江文化建设的重要领域。《决定》要求"深入开展思想道德建设和精神文明创建活动,全面实施《公民道德建设实施纲要》,加强社会公德、职业道德和家庭美德教育,努力在全社会形成健康向上的文明道德风尚。""要以全体公民为对象,面向社会、面向基层、面向未成年人和大学生,着力增强公民的思想道德素质、科学文化素质和健康素质,不断提高全社会的文明程度。"

一、真抓实干,持续推进

2004年12月14日,习近平同志在浙江嵊州调研精神文明建设情况,他结合嵊州所见,从加强社会主义精神文明建设的实践角度,总结了浙江的经验。

第一,物质文明与精神文明要协调发展。物质文明的发展会对精神文明的发展提出更高的要求,尤其是经济的多元化会带来文化生活的多样化,只有把精神文明建设好,才能满足人民群众多样化的精神文化生活需求。要认清物质文明建设和精神文明建设的最终目的是什么,GDP、财政收入、居民收入等是一些重要指标,但都不是最终目的,其最终目的就是要促进人的全面发展,包括改善人们的物质生活、丰富人们的精神生活、提高人们的生存质量、提高人们的思想道德素质和科学文化素质等。

第二,虚与实要很好地结合起来。虚与实是相比较而言的。比较之下,在两个文明建设中,物质文明建设实一点,精神文明建设虚一点;在提高人们素质的工作上,科学文化素质方面要实一点,思想道德素质方面要虚一点。实的比较好把握,虚的相对难以把握。所以,虚功一定要实做。精神文明建设特别是思想道德建设一定要通过看得见、摸得着的方式,创造实实在在的载体,寓教于乐,入耳入脑,深入人心,潜移默化。道理要说清楚讲明白,但任何道理要深入人心,都不能光靠说教。"双建设、双整治"活动就是一个很好的载体,在这个大的载体内,还要探索和创造更加具体的载体,以使整个活动更加贴近实际、贴近群众、贴近生活。

第三,抓与不抓大不相同。任何一个事物的发展都如逆水行舟,不去推它,它就会倒退,就会滑坡;任何一项工作,都是机遇与挑战并存,不抓机遇,抓不住机遇,剩下的就只有挑战了;任何一个阵地,我们不去占领,一些负面的东西就会乘虚而入。我们抓思想文化阵地建设就是一个雄辩的佐证,光是打击,总有漏网的;只有让正面的东西去占领了,才能让负面的东西失去生存的土壤。①

这个总结既来自习近平同志深入基层实际调研的结果,也是他对精神文明建设之于浙江经济社会发展作用的深刻阐述,更体现了贴近浙江客观社会形势和建设精神文明需求的思路、途径和方法。浙江经济社会的转型发展,急切需要加强与社会主义市场经济相适应的道德伦理秩序和精神文明建设,为经济社会发展提供强大的精神动力和价值指引。

多年来,浙江不断深化思想道德和精神文明建设工作。

积极落实贯彻中央颁布的《公民道德建设实施纲要》,结合实际出台《浙江省公民道德规范》《浙江省公民道德建设纲要》《浙江省公民道德养成计划》,在各级党委统一领导下,充分调动社会各方面参加道德建设的积极性和创造性,形成公民道德建设合力。加强社会公德、职业道德和家庭美德的教育,全面提高公民的思想道德素质。创新道德建设内容,积极鼓励和支持一切有利于解放生产力、发展社会主义市场经济的新的道德观念和道德规范。广泛动员群众参与各种形式的道德实践活动,促进道德建设进课堂、进企业、进机关、进社区、进军营,渗透到人们生产生活的各个环节。坚持开展"做一个有道德的人""公民道德日""学雷锋、树新风""浙江好人"等主题实践活动,普及公民道德宣传教育,广泛动员群众参与各种形式的道德实践活动,促进道德楷模不断涌现。坚持在全社会广泛深入开展学雷锋活动,采取切实措施,推动学雷锋活动常态化、机制化,促进公民道德建设进课堂、进企业、进机关、进社区、进军营,在全社会倡导健康文明的生活方式,使公民道

---

① 习近平.干在实处 走在前列:推进浙江新发展的思考与实践[M].北京:中共中央党校出版社,2006:296-297.

德建设全面渗透到人们生活的各个环节,不断向广度和深度发展。在农村地区推行"春泥计划"帮助农村未成年人成长,大力加强大学生思想政治工作。全面提升公民的思想道德素质和文明修养,为浙江改革发展提供了强大的道德支撑力。

坚持深入持久地开展文明县(市、区)、文明城市(县城、城区)、文明街道、文明村镇、文明单位、文明机关、文明社区、文明风景旅游区、高速公路文明服务区、文明公路、文明家庭(户)、绿色社区、工人先锋号、青年文明号、巾帼文明示范岗等群众性精神文明创建活动,组织开展"做一个文明有礼的浙江人""双万结对、共建文明"等活动。

二、重视针对特殊群体开展建设活动

浙江历来重视未成年人、大学生、流动人口、农村留守人员等特殊群体的思想道德建设,针对不同群体开展不同形式的思想道德和精神文明建设工作,全面提升公民道德修养和文明素质。

(一)重视开展未成年人和大学生思想政治工作

未成年人的思想道德建设是我国社会主义精神文明建设至关重要的一环,浙江历来重视未成年人的思想道德建设,把它当作事关社会主义精神文明建设、事关国家长治久安和事关浙江未来发展的大事来抓。习近平同志指出"未成年人的思想道德状况如何,直接关系到我们国家和民族未来的精神面貌。未成年人的工作,是事关未来的事业,是决定中华民族综合素质不断提高的基础工作。只有'从娃娃抓起',才能奠定社会主义精神文明的坚实基础"。① 他

---

① 习近平.精神文明建设要"从娃娃抓起"[M]//之江新语.杭州:浙江人民出版社,2007:66.

认为,未成年人思想道德建设是一项系统工程,涉及方方面面,需要全社会参与,形成强大合力共同来做。其中,学校、家庭、社会是未成年人思想道德建设的三个关键环节,团队和社区是抓思想道德建设两个重要的方面,应相互衔接、相互贯通、相互补充,努力形成"三位一体"的教育网络,发挥社会各方面的积极作用,从整体上提高教育成效。要充分发挥学校在未成年人思想道德教育中的龙头作用。学校是未成年人思想道德建设的主渠道、主阵地、主课堂。要充分发挥家庭在未成年人思想道德建设中的基础作用。"子不教,父之过",家庭是未成年人接受思想道德教育的第一课堂,父母是孩子的第一任老师。要充分发挥团队组织在未成年人思想道德建设中的生力军作用。共青团、少先队是青少年在实践中培育爱国情感、树立远大志向、规范行为习惯、培养良好素质的学校。①

经过多年持续推进,逐步构建起未成年思想道德建设工作体系,提升全省未成年人思想道德水平和文明素养,为浙江未来发展提供储备力量。截至 2018 年 7 月,在全省 2 万余个行政村实施"春泥计划",建成了 1000 余所乡村学校少年宫。

2004 年 6 月,浙江省委、省政府发布了《中共浙江省委、浙江省人民政府关于进一步加强和改进未成年人思想道德建设的实施意见》,对全省未成年人思想道德建设做出部署,强调在未成年人思想道德建设中,要着眼于增强爱国情感,弘扬和培育以爱国主义为核心的伟大民族精神;要着眼于确立远大志向,树立和培育正确的理想信念;要着眼于规范行为习惯,培育良好的道德品质和文明行为;要着眼于提高基本素质,促进未成年人的全面发展。

---

① 习近平.干在实处 走在前列:推进浙江新发展的思考与实践[M].北京:中共中央党校出版社,2006:303-305.

面向全体未成年人的"3510"工作,是浙江开展未成年人思想道德建设的一项系统工程。"3"是指健全和完善学校、家庭、社会三个环节的未成年人思想道德教育网络,"5"是指深入实施未成年人思想道德建设的阵地工程、精品工程、绿网工程、净化工程、帮护工程等"五项工程","10"是指每年抓好文化产品创作生产传播、关爱农村及特殊群体未成年人等多方面的"十件实事"。"3510"工作目标全面系统、丰富周密,可行可操作,在提升浙江未成年人思想道德素质上颇见成效。

浙江省红色旅游资源丰富,有嘉兴南湖中共一大旧址、绍兴鲁迅故居和浙东四明山抗日根据地旧址等。省文明委与团省委和省旅游局联合开展浙江省青少年红色之旅经典景区评选活动,开展"重走红色之路"——浙江省百万青少年红色之旅主题活动,推进爱国主义和革命传统教育。2006 年开始,浙江革命烈士纪念馆与杭州市联合组织开展"最深切的缅怀"主题教育活动,每年举办一届,重点介绍革命先贤在百年革命历史中的不懈努力和浙江优秀儿女发挥的突出作用。通过网上留言等形式,祭奠英烈,寄托哀思。至 2011 年,累计收到中小学生网站留言 28 万余条。多年来,由省委宣传部牵头,在全省中小学生中连续开展爱国主义教育读书活动,一年一个主题,结合浙江实际,组织编写教育读本,得到全省广大中小学生热烈响应,每年都有 100 多万中小学生踊跃参加。

为引导青少年健康上网,汲取有益精神食粮,杭州市委宣传部联合有关部门在全市中小学生中开展了为期四个月的"上健康网站,读一本好书"教育活动,这一活动吸引了广大青少年踊跃参加,收到良好的效果。嘉兴市组织开展了以"营造健康文明的互联网环境"为主题的大家谈活动,电台和电视台都开辟了专栏,通过对老师、学生和有关方面的专家进行调查访谈,探讨互联网对未成年人的影响以及如何为未成年人营造一个健康文明的网络环境。绍兴市近年来坚持教育与管理相结合的原则,多方联动,积极构筑青少年违法犯罪的"防火墙",在加强正面引导的同时,组织公、检、法等部门和学校结对,通过法制副校长进校宣传、警校共建、青少年维权岗等多种形式,加强青少年法制教育,并加强对青少年违法犯罪信息的收集、整理和分析,及时制订预案,抓好防控工作。

农村未成年人的思想道德建设一直是宣传文化工作的重点领域。2008年,浙江省文明办专门针对农村未成年人的思想道德建设,下发《关于在全省农村开展"春泥计划"试点工作的通知》,选取以浦江县、江山市为主的71个行政村进行"春泥计划"试点工作。各试点县和村结合当地实际,充分调动发挥全社会力量,开展道德实践和社会体验活动,丰富农村未成年人课外生活,优化成长环境,提升道德素质,成为加强农村未成年人思想道德建设的一项重点工程。

在思想文化激荡碰撞、社会思潮跌宕起伏的社会转型发展时期,大学生的思想尤其活跃,他们树立怎样的志向和信念,攸关国家和民族未来发展。习近平同志走进校园与学生们面对面,进行思想碰撞,秉持一个"诚"字,开诚布公,坦诚交流。2005年6月20日,习近平同志在浙江省人民大会堂以"同大学生谈人生"为主题为在杭高校学生作报告,来自各高校的师生2000多人参加报告会。他结合自己的成长经历、人生阅历和人生感悟,深入浅出、情真意切地教授做人的基本道理,从四个方面对大学生应该承担的"责任感"作出具体分析:"首先,要对自己负责。对自己怎样成人、成才、做人、做学问负责。梁启超说:'凡属于我应该做的事,而且力量能够做到的,我对于这件事便有了责任,凡属于我自己打主意要做一件事,便是现在的自己和将来的自己立了一种契约,便是自己对于自己加一层责任。'第二,要对亲人负责。懂得怎样去关心、爱护自己的亲人,懂得怎样去减轻和分担父母的种种负担和忧虑,懂得怎样以自己的成长和进步来增添亲人的喜悦与家庭的欢乐。第三,还要对周围的人负责。孟子说:'老吾老,以及人之老,幼吾幼,以及人之幼。'大学生活是集体生活,同学们一入大学就同自己周围的许多人——老师、职工、同学开始了直接的联系,这些人都对你的成才负有各自不同的责任,反过来你也要对自己周围的人负有高度的责任感。尊重、认同、信任和关怀等等,都是建立在责任的基础上的。最后,推己及人,推而广之,要对更多的人负责,也就是对民族、对祖国、对社会、对人类负责。"[①]

这是习近平同志第 3 次在杭州为大学生作报告。2003 年 9 月 28 日,他作国际国内形势分析报告。2006 年 9 月 27 日,他走进浙江大学,作题为《继承文化传统 弘扬浙江精神》的报告,介绍浙江的文化传统、文化精神,分析浙江文化经济相互交融等问题。

习近平同志认为:"开展大学生思想政治教育工作,要坚持育人为本、德育为先,进一步健全大学生教育引导机制。加强和改进大学生思想政治教育,关键要抓住一个中心。这个中心就是以育人为中心,牢固树立'学校教育、育人为本,德智体美、德育为先'的教学理念,把育人融入学校工作的各个方面,贯穿于教育教学的各个环节,进一步健全大学生教育引导机制。"[②]2005 年起,在他的主

---

① 习近平.干在实处 走在前列:推进浙江新发展的思考与实践[M].北京:中共中央党校出版社,2006:306-307.

② 习近平.干在实处 走在前列:推进浙江新发展的思考与实践[M].北京:中共中央党校出版社,2006:305.

持下,浙江省委建立了省领导联系高校和定期为高校师生作形势政策报告制度,一直坚持至今。在大学生中以爱国主义教育为重点,深入开展民族精神、时代精神和浙江精神教育、公民道德教育和法制教育,开展党的基本理论、基本路线、基本纲领和基本经验教育,开展中国革命、建设和改革史教育,开展基本国情、省情和形势政策教育,加强高校马克思主义学院建设,推进社会主义主流意识形态在高校的传播,使大学生确立共同理想和坚定信念。

(二)扎实维护外来务工人员权益,提高外来务工人员素质

浙江是外来人口集聚之地,据 2005 年估算,有农民工 1200 万人,其中外来农民工 800 万人左右。如何对待外来务工人员,如何帮助他们尽快融入当地社会,如何保障他们的合法权益、提高他们的个人素质,如何发挥他们在当地建设中的作用,是当地政府需要重视和解决的问题。习近平同志在一次专题学习会上就强调,农民工问题不仅是新时期"三农"问题的焦点所在,也是工业化、城市化进程中的焦点问题,这既是一个经济和社会问题,更是一个事关巩固党的阶级基础和扩大党的群众基础的严肃的政治问题。在维护外来务工人员的个人尊严、政治权利、文化权利和其他合法权益方面,浙江以扎实有效的工作努力维护其权益,提高其素质。例如,义乌对外来务工人员实行岗前培训制度,并有针对性地开设劳动技能、英语、电脑、外贸知识等免费培训班。海宁则开展了强化外来务工人员素质教育系列活动,包括法律、安全意识教育,专业技能培训,心理素质教育等。浙江还积极鼓励和引导外来务工人员参政议政,努力丰富外来务工人员的文化生活,维护他们的文化权利。针对外来务工人员大多文化水平较低、缺乏专业技能,思想观念、生活方式、风俗习惯以及人际关系处理方面不能适应城市生活等问题,在外来务工人员中组织开展法律法规、就业技能等培训,纳入省"千万农民素质培训工程",着力提高外来务工人员的专业技能和融入城市生活的能力。

(三)强化诚信意识,建设"信用浙江"

浙江是我国市场经济发育较早、发展较快的省份,以成长于传统小农经济的个体手工业经济的草根经济为特色,是我国市场经济发展过程中负面现象暴露较早、较突出的地区之一。在国内外竞争日趋激烈的今天,草根经济背后的商业文化与现代商业伦理之间的深层矛盾日益暴露。市场信用体系不完善、"熟人社会"为基础的浙商文化与现代经济伦理的矛盾、家族式管理与现代企业治理体制的矛盾、经济增长与资源和环境支撑的矛盾等,都成为浙江经济可持续发展的重大挑战,而其中以信用失范问题最为严重。为此,浙江省第十一次党代会明确提出要建设"信用浙江",2002年,省政府下发《关于建设"信用浙江"的若干意见》,在全省正式启动"信用浙江"建设,把"信用浙江"建设作为浙江加快经济增长方式转变和增强可持续发展能力的重要环节,视为建设"平安浙江"、构建和谐社会的必备条件。

习近平同志非常重视诚信建设,2004 年 1 月 6 日,他在全省宣传思想工作会议上指出:"要结合浙江加快完善社会主义市场经济体制的实际,深入开展打造'信用浙江'活动,引导人们坚持诚信为本、操守为重,推动社会信用体系建设,促进社会主义市场经济健康发展。"[①]在与时俱进的浙江精神提炼表述中,"诚信"是一个重要元素,要求进一步培育和弘扬诚实立身、信誉兴业的"诚信"精神:

---

① 习近平.干在实处 走在前列:推进浙江新发展的思考与实践[M].北京:中共中央党校出版社,2006:303.

"要把诚信作为现代社会文明之基,不仅要弘扬传统的'诚信'美德,更要大力推进以个人为基础、企业为重点、政府为关键的现代信用建设。在全社会牢固树立个人无信不立、企业无信不旺、政府无信不威、国家无信不强的观念,使现代诚信意识深入人心,成为全社会自觉的行为规范。"[①]在 2005 年的《决定》中要求开展一系列有针对性的诚信教育活动,建设"信用浙江",亲自主持部署"信用浙江"建设。成为浙江思想道德和精神文明建设中的一大特色和亮点。浙江紧紧围绕政府、企业和个人三大信用主体开展建设工作,强调政府信用是关键、企业信用是重点、个人信用是基础,要把诚信作为公民安身立命之本、企业兴旺发展之道、政府公正公信之源。重点突出规章制度、道德文化和监督管理三大建设,强调规章制度是外在约束、道德文化是内在要求、监督管理是执行保障,三者缺一不可。2005 年,浙江省人民政府第 42 次常务会议审议通过了浙江省第一个信用法规——《浙江省企业信用信息征集和发布管理办法》,各地方也相继出台了一些规范信用的地方性法规,以逐步实现信用管理法制化。

2012 年,《浙江省公民道德建设纲要》进一步明确提出,"着眼于建设'信用浙江',把诚信建设摆在突出位置,大力推进政务诚信、商务诚信、社会诚信、司法公信和个人诚信建设,强化诚信理念,弘扬诚信精神,培养诚信品质,形成'诚信为本、操守为重'的社会风尚。抓紧建立健全覆盖全社会的征信体系,加强诚信信息征集和披露、诚信评价、诚信自律、诚信奖惩等机制建设,规范信用行为,加强信用监管,在全社会广泛形成'有信者荣、失信者耻、无信

---

① 习近平.与时俱进的浙江精神(代序)[M].//中共浙江省委宣传部.与时俱进的浙江精神.杭州:浙江人民出版社,2005:6.

者忧'的氛围。"

通过多年来贯穿始终的扎实工作,浙江在信用建设方面取得了很大成绩。诚实、守信逐渐成为全省人民共同的价值取向和行为规范,信用形象得以提升,不仅极大地促进了市场经济的健康发展,而且有力地促进了浙江社会主义和谐社会的构建和人的素质的全面提高。

第三节　培育弘扬社会主义核心价值观

历届浙江省委高度重视、大力构建社会主义核心价值体系,不断用社会主义核心价值观引领社会思潮、弘扬社会正气、培育文明风尚。

一、始终坚持社会主义核心价值观的引领地位

2006 年 10 月,党的十六届六中全会通过的《中共中央关于构建社会主义和谐社会若干重大问题的决定》,第一次明确提出了"建设社会主义核心价值体系"重大命题和战略任务。浙江省委紧紧围绕中央要求,通过《中共浙江省委关于认真贯彻党的十六届六中全会精神　构建社会主义和谐社会的意见》,对建设社会主义核心价值体系等做出具体部署。2007 年 10 月,党的十七大提出社会主义核心价值体系是社会主义意识形态的本质体现,对构建社会主义核心价值体系做出战略部署。11 月,浙江省委通过《中共浙江省委关于认真贯彻党的十七大精神　扎实推进创业富民创新强省的决定》,明确提出坚持以社会主义核心价值体系引领社会思潮,坚持把建设先进文化作为创业富民、创新强省的重要支撑,推动文化大发展大繁荣,对浙江省构建社会主义核心价值体系做出具体

战略部署。2008 年 7 月，浙江省制定实施《浙江省推动文化大发展大繁荣纲要（2008—2012）》，首次提出社会主义核心价值体系、公共文化服务体系、文化产业发展体系三大体系建设。建设社会主义核心价值体系作为"三个体系"之首，是对 2005 年《中共浙江省委关于加快建设文化大省的决定》中"三个着力点"的深化表述，既符合社会主义文化大发展大繁荣的总体目标，也切合浙江文化建设的实际需求。2011 年 10 月，党的十七届六中全会强调，社会主义核心价值体系是"兴国之魂"，建设社会主义核心价值体系是推动文化大发展大繁荣的根本任务。11 月，浙江省委通过了《中共浙江省委关于认真贯彻党的十七届六中全会精神　大力推进文化强省建设的决定》，对以推进马克思主义中国化、时代化、大众化，牢固树立中国特色社会主义共同理想，弘扬民族精神、时代精神和浙江精神，加强公民道德建设等为主要内容的社会主义核心价值体系建设作出具体部署，着力构建社会主义核心价值体系。

2012 年 11 月，党的十八大明确提出倡导富强、民主、文明、和谐，倡导自由、平等、公正、法治，倡导爱国、敬业、诚信、友善，积极培育社会主义核心价值观。2013 年 12 月，中共中央办公厅印发《关于培育和践行社会主义核心价值观的意见》，明确提出以"三个倡导"为基本内容的社会主义核心价值观，与中国特色社会主义发展要求相契合，与中华优秀传统文化和人类文明优秀成果相承接，是我们党凝聚全党全社会价值共识作出的重要论断。紧紧围绕中央战略部署，浙江省积极学习和宣传十八大精神，贯彻落实十八大精神和十八届三中、四中全会精神，深入学习"中国梦"和习近平总书记系列讲话精神，用马克思主义中国化的最新成果和中央精神指导浙江改革实践，大力加强社会主义核心价值观的通俗化、大众化工作,积极使社会主义核心价值观建设在浙江落地生根。2012年、2013年相继开展的"我们的价值观"和"当代浙江人共同的价值观"等主题宣传教育活动,是浙江省为培育弘扬社会主义核心价值观通俗化、大众化而开展的重要工作。

多年来,浙江始终坚持社会主义核心价值观的引领地位,致力于打造在全国有重要影响力的道德高地。坚定不移地践行习近平同志提出的物质文明与精神文明协调发展思想,把培育和践行社会主义核心价值观作为思想道德和精神文明建设的根本任务,大力弘扬民族精神与时代精神,秉持与时俱进的浙江精神,凝聚起全省人民创业创新的强大精神力量。广泛开展"我们的价值观"大讨论活动,倡导"务实、守信、崇学、向善"的当代浙江人共同价值观。特别是党的十八大以来,全面实施社会主义核心价值观建设"六大行动",深化"最美浙江人"主题宣传活动,大力宣传时代楷模、道德模范和身边好人,连续三年走进北京人民大会堂举办先进事迹报告会,推动"最美现象"从"盆景"变"风景"成"风尚"。创新发展新乡贤文化,扎实推进好家风建设,广泛开展各类志愿服务,大力弘扬志愿服务精神。组织开展"做文明有礼浙江人"活动,使礼让斑马线、文明过马路、排队守秩序、礼仪待宾客等成为亮丽风景线。加强未成年人思想道德建设,截至2018年7月,全省已创建成全国文明城市14个、全国文明村镇191个、全国文明单位249个。[①]

二、"我们的价值观"讨论和"浙江人共同价值观"提炼

注重将培育弘扬社会主义核心价值观融入浙江省思想道德建设和精神文明建设实践中,将弘扬社会主义核心价值观和凝练浙

---

① 来颖杰,胡坚,王四清.从加快建设文化大省到建设社会主义文化强国[N].浙江日报,2018-7-23(5).

江人共同价值观有机结合,是浙江培育和弘扬社会主义核心价值观的重要举措和成效。

2012年,浙江省在全省范围内开展"我们的价值观"大讨论活动,通过传统媒体和网络平台征集"我们的价值观"核心词。全省各界广泛参与,共举办8000余场座谈会、报告会和研讨会,接到5万多份建议稿、23万余价值观词条,最终形成以"务实、守信、尚学、向善"为内涵的当代浙江人共同价值观,倡导"以踏实奋进、开拓创新的姿态,以诚实守信、和礼天下的品质,以学以修身、学以济世的精神,以善善从长、乐善不倦的心态"做一个当代浙江人。

"我们的价值观"大讨论将社会主义核心价值观与浙江的地域文化传统、经济社会发展需求、文化建设方向、群众生活经验相结合,以大众参与、社会征集、学术研讨、省委决策的全员参与模式,在全省范围开展互动交流,以此获取广泛共识、凝聚价值认同、强化共同思想基础。其基本路径是以贴近人民、贴近生活、贴近需求的原则,充分发动、紧紧依靠全省各地不同地域、不同行业和在浙外地人士等广大人民群众,共同思考、探讨浙江经济社会发展的历史轨迹和未来方向、当下文化建设的脉络和重点、精神生活和基本价值理念的共同准则,将社会主义核心价值观的培育真正落实到了人民群众的日常生活之中,赋予其鲜活的内在生命力。"当代浙江人共同的价值观"的凝练和提出,是在浙江经济社会发展转型的重要时期开展的文化软实力建设。其基本路径是在人民群众积极参与、广泛交流、形成共识的基础上,加以精选、提升,凝练出全省人民共同遵循的价值规范,形成以"务实、守信、尚学、向善"为内涵的标识性价值理念,以省委发文的形式向全省推广弘扬。"我们的价值观"大讨论和"当代浙江人的共同价值观"凝练的意义,不仅在于活动产生的结果，更在于活动的过程，它以全社会动员和集体反思探索的方式和状态，真正走上了共同价值观来自群众、回到群众、教育群众的认同、凝练和弘扬路径，充分体现了"为民服务、民为主体、以文化人"的"以人民为中心"的文化发展理念，取得了社会主义核心价值观大众化、通俗化的实际成效。

三、推动"最美现象"从盆景到风景

近年来，浙江思想道德建设中一个十分突出的现象，是"最美现象"的涌现。"最美妈妈""最美司机""最美警察"、杭州"7·5公交纵火案"灭火救人平民英雄群体等感人事迹大量涌现，组成"最美群像"，传递"最美能量"，受到广泛传颂和褒扬：2011年"最美妈妈"吴菊萍用双手托起高空坠楼女孩，2012年"最美司机"吴斌在生命最后关头力保乘客安全，2013年"最美消防警察"尹进良、陈伟、尹智慧在救灾中献出生命，2016年"最美协警"礼为奇不顾安危以身挡车等，一个个好人组成的"最美浙江人"群体植根浙江大地，引领时代风尚，成为影响全国的浙江"最美现象"。吴菊萍、毛陈冰、郭文标、李学生等最美人物获得全国道德模范荣誉称号，100余人次入选中国好人榜，参与推荐和评选的群众达1000多万人次，充分证明了"最美现象"对浙江道德建设的引领作用。

在推动"最美现象"从"盆景"变为"风景"、从"风景"变为"风尚"的过程中，浙江省委省政府始终将思想道德建设放在战略高度，以坚持不懈的决心、持之以恒的韧劲、付诸实践的勇气，大力培育社会主义核心价值观和"务实、守信、崇学、向善"的当代浙江人共同价值观，开展"最美浙江人——浙江好人榜""浙江骄傲"年度人物、浙江省"道德模范""青春领袖"等评选活动，营造全省人民的精神家园。如今，"最美浙江人"已经成为浙江精神文化建设的品

牌,在群众中享有口碑,形成了"崇德向善,见贤思齐"的良好社会风尚。

社会主义核心价值观的培育弘扬,打牢了全省人民团结奋斗的共同思想基础,培育了文明道德新风尚,提高了全省人民的思想道德和文明素质,增强了凝聚力和向心力,为浙江加快经济社会发展提供了强大的精神动力和道德支撑力。

四、推进农村精神文明建设

由于受生活生产方式、经济社会发展水平、文化习俗、交往方式等因素影响,农村精神文明建设既是难点,也是重点。推进农村精神文明建设是浙江长期坚持、持续开展的重要文化建设工作,不断以创新思路、加大投入、政策倾斜、实施重大工程等方式加以推进,为统筹城乡发展、建设社会主义新农村打下良好思想基础,不断满足农民群众的文化生活需求和农村文化发展实际需要,丰富和提升了全省精神文明建设的内涵和水平。历年来开展的"双建设、双整治""双万结对共建文明"和农村文化礼堂建设等工作,亮点纷呈,成效显著。

2004年,浙江在全省城乡基层开展以"思想道德建设、文化阵地建设,整治文化市场、整治社会风气"为主要内容的"双建设、双整治"活动,积极推进农村精神文明建设。大力倡导讲文明、讲卫生、讲科学、讲法制和改陋习,积极开展移风易俗教育,创造优美整洁的生活环境、形成良好卫生习惯,重视开展科普知识教育,宣传无神论和反对伪科学,反对封建迷信、"黄、赌、毒"和"法轮功"等邪教;通过多种渠道在农村普及法律常识,提高广大农民群众学法知法、遵纪守法、依法办事的自觉性;积极引导农民树立社会主义新农村建设所必需的思想观念和文明意识,强化创业意识、市场意识、竞争意识和生态意识，努力培养有文化、讲道德、懂技术、会经营的新型农民；大力抓好农村文化内容、文化产品、文化队伍和文化阵地建设，结合"千村示范、万村整治"和文明村镇创建活动，建设一批规模适当、设施良好的文化阵地，开展创建"文化特色村"和"文化示范户"活动，着力丰富农民群众的文化生活。

嘉兴市南湖区确立五种结对方式，包括文明单位与行政村结对、城市社区与行政村结对、区级机关与行政村结对、城市文明家庭与农村文明家庭结对、文明村与非文明村结对，衢州市则以"六共"为重点推进结对共建活动，即思想道德共育、经济发展共促、文体活动共抓、社会治安共管、文明生活共倡、党建工作共做。通过"双建设、双整治"和结对共建文明活动的开展，浙江农村精神文明建设得到极大的加强，取得了很大的成绩，全省形成了一批生产发展、生活富裕、乡风文明、村容整洁、管理民主的文明村镇。2005年，全省共有 24 个村镇被中央文明委表彰为全国文明村镇，48 个村镇被表彰为全国创建文明村镇工作先进村镇。

2005 年，浙江推进"双万结对共建文明"工作，组织城市的万个文明单位与万个行政村结对，作为全面落实科学发展观、统筹城乡发展和促进农村精神文明建设的重要举措，不仅包含文明建设的联动，还涉及资金、设备和物资等方面的扶持。各地还不断创新共建模式、丰富共建内容。

2012 年以来，农村文化礼堂逐渐兴起于浙江临安市的乡村大地。2013 年始，浙江省委省政府因势利导，将其列为省政府 10 件实事项目之一，根据农民群众日益增长的精神文化需要和农村文化发展实际，突破以往重视提供文化娱乐等公共文化服务的思路，紧紧围绕"兴起社会主义文化建设新高潮"和"增强农村发展活力、促进城乡共同繁荣"的总体要求,着力在全省农村打造一批以"文化礼堂、精神家园"为主题、以文化礼堂为标志的文化阵地综合体,完善以市县重点文化设施、乡镇文化综合站和文化礼堂为一体的新型公共文化服务体系,构建"引导人、教育人、鼓舞人、激励人"的农村新型文化体系,为农村科学发展、和谐稳定提供坚实文化保证。截至2018年底,全省共建成11059座文化礼堂。

农村文化礼堂的场所设施包括一定规模的礼堂,配有舞台,满足农民群众举办文化节庆、文化仪式、文体活动以及村民议事集会等功能需求;有面向农民群众进行思想道德教育、形势政策宣讲、文明礼仪、科学和法律知识普及、生产技能和健身培训等的讲堂;按照国家、省里有关要求,有完备的文化活动室、农家书屋、广播室、"春泥计划"活动室、群众体育活动设施、文化信息资源共享工程基层网点等文体活动场所。鼓励有条件的县(市、区)同步建设网上文化礼堂。

农村文化礼堂以教育教化、乡风乡愁、礼仪礼节、家德家风和文化文艺"五进"为建设内容,不同于以往"一事一议"、丰富农民文娱生活、提供文化服务等常规认识和一般意义上的文化建设成效,在重建乡村公共生活空间和组织形态、塑造公共精神,培育塑造主流价值观、巩固基层执政基础,重建村庄社会生活规则秩序、建设村庄生活共同体,活态传承优秀文脉、引领乡村传统创造性转化发展,恢复乡村生产活力、重建乡村生活体系等乡村社会建设方面,充分发挥了文化的治理功能。

农村文化礼堂就其根源而言,在很大程度上与中国独特的以农耕文化为基础的传统乡村文明具有内在的深刻关联。我国有着源远流长、内涵丰富、特征鲜明的古代乡村文明传统,筑基农耕文化，执守宗法名教，依凭伦理亲情，遵循经验习得，注重礼制教化。乡村文化生活作为其中的重要组成部分，形成了勤勉坚韧、吃苦耐劳、中庸平和、安分守己、重情讲义、敬畏自然等民族性格，维系了绵延不绝的中华文化传统。近代以来的社会变迁对乡村文明产生巨大影响，不断打破着、消解着乡村旧有的秩序和规则。如何利用自身优秀、合理、可生性的资源和要素，通过与现代观念和需求的结合，重建新规则、新秩序，是乡村文明自我更新发展的内在诉求。农村文化礼堂的建设，正是切中了这样的时代之需、社会之需和农民群众的生活之需、精神之需，故而受到乡村群众的热烈欢迎。

新时代文明实践中心建设至今，在深入开展试点活动取得实践成效的基础上，取得丰硕成果。2019 年，浙江拥有 4.5 万多个实践所、站、点，有超 860 万人的志愿者规模；全省实名注册志愿者 1446 万人，服务时数 3455 万余小时，居全国第一。

浙江的农村文化建设蕴含丰富的文化治理的元素、手段和方式，呈现出不俗的基层社会治理成效。例如上述农村文化礼堂之于建构农村公共空间、巩固基层执政基础、建设村民精神家园等方面的作用，"好家风""文化志愿服务队"之于提升村民文明素养、形塑民间良风美俗、促进价值观认同等方面的作用，家规家训、村规民约、乡土教化之于基层社会规则秩序整合构建等方面的作用，都是文化的社会治理功能的具体实践和成果显现。同时，农家乐、乡村旅游、乡土传统重建、逆城市化趋势等社会现象的出现，也表明了文化之于环保、绿色、生态、乡村复兴与重建的促进功能和作用。这些实践和社会现象，一方面印证了"我国今天的国家治理体系，是在我国历史传承、文化传统、经济社会发展的基础上长期发展、渐进改进、内生性演化的结果";另一方面则要求我们要更为深入地理解和探寻文化的社会治理功能,从而丰富和完善具有中国特色的治国理政体系。

◢◣◢◣ 【案例 2-1】

杭州市提炼"我们的价值观"主题关键词

2011 年 7 月,杭州市围绕马克思主义指导思想、中国特色社会主义共同理想、以爱国主义为核心的民族精神和以改革创新为核心的时代精神、以"八荣八辱"为主要内容的社会主义荣辱观四个方面基本内容,在全市广泛开展提炼概括"我们的价值观"主题关键词的实践活动。这次活动注重社会主义核心价值体系的大众化,提出了"我们的价值观"的主题关键词一定要通俗易懂、便于传播、便于遵循。通过广泛宣传,利用传统媒体电话、信件、电邮,还起用网络平台,活动期间网站访问量约 49 万次,共征集 1330 余份,共有 26 件入围投票评选。最后,根据每个月重要节庆日的思想文化主题,确定了"民生、文明、诚信、感恩、敬业、友善、信仰、责任、崇学、爱国、务实、和谐"等 12 个月的主题词。

案例来源:谢地坤. 中国梦与浙江实践 文化卷[M]. 北京:社会科学文献出版社,2015.

案例简析 >>>

将主流价值观的培育引领活动与每个月的重要节庆日文化主题相结合,是杭州市开展"我们的价值观"主题活动的一大亮点。例如结合四月清明节确定"感恩"主题词、结合五月劳动节确定"敬业"主题词、结合十月国庆节确定"爱国"主题词等,以贴近生活、贴近群众的大众化、通俗化方式诠释社会主义核心价值观。

类似做法在浙江各地都有呈现,例如宁波市将"我们的节日"主题活动作为加强社会主义核心价值观宣传教育的有效载体,积极利用本地特色历史文化资源优势,打造七夕"梁祝"、重阳"慈孝"等传承品牌。经过数年培育引导,"我们的节日"活动已渐渐融入宁波人民日常生活,成为推进社会主义核心价值观教育的重要平台。

◆◆ **本章小结**

1. 正确的理论指导是浙江经济社会发展持续保持走在前列的根本原因。努力在真学、真懂、真信、真用上下功夫,切实达到理论上弄通、思想上搞清、行动上落实、工作上创新,才能真正做到用发展着的马克思主义指导新的实践。

2. 培育弘扬社会主义核心价值观,必须坚持生活化、大众化、通俗化,与人民群众的日常生活紧密结合,方能保持持久鲜活的内在生命力,获得人民群众的价值认同,巩固共同思想基础。

3. 文化建设不仅需要承担满足人民群众日益丰富的文化生活需求、构建精神家园的职责,而且具有社会治理功能,是现代化治理体系的重要组成部分。

◆◆ **思考题**

1. 如何将"最美现象"的道德感召力落到实处?

2. 谈谈你对加强未成年人思想道德建设的认识和建议。

3. 从本地乡风民俗实例中分析乡村传统文化的当代价值。

◆◆ **拓展阅读**

1. 习近平. 干在实处 走在前列:推进浙江新发展的思考与实践[M]. 北京:中共中央党校出版社,2006.

2. 中共浙江省委宣传部. 与时俱进的浙江精神[M]. 杭州:浙

江人民出版社,2005.

3.翁卫军.走向精神高地"我们的价值观"主题实践活动[M].杭州:杭州出版社,2012.

4.郭建宁.社会主义核心价值观基本内容释义[M].北京:人民出版社,2014.

我们的文化是社会主义文化,文化建设的根本目的是满足群众文化需求,实现好人民群众文化权利。在打造文化精品的同时,要更加重视面向基层、面向群众的精神文化产品的创作生产和传播服务,努力建立健全公益性文化事业服务体系,提高公共文化服务能力,把为人民服务、为社会主义服务真正落到实处。

　　——习近平.干在实处 走在前列:推进浙江新发展的思考与实践[M].北京:中共中央党校出版社,2006:330.

第三章　建设公共文化服务体系
落实浙江文化服务力

◆◆ 本章要点

　　1.习近平同志在率领浙江干部群众加快建设文化大省实践过程中,对大力发展公益性文化事业问题进行全面深入探索和战略思考,提出关于加快建设公共文化服务体系的顶层设计。

　　2.在加快建设文化大省、文化强省和文化浙江过程中,浙江公共文化服务体制机制不断健全,公共文化服务体系不断完善,较好地满足了人民群众的精神文化需求,保障了人民群众文化权益。

　　3.实施"八八战略"以来,全省各地积极探索市场经济条件下公共文化服务体系建设规律,创新投入方式、管理和运作机制、服务内容和方式,形成了更优的公共文化服务治理结构,提高了公共文化服务的供给效率。浙江省的成功实践,不仅有效地改善了文化民生,而且也预示了市场经济大背景下中国公共文化服务发展的方向。

习近平同志到浙江工作后,从落实党中央对浙江"走在前列"总体要求出发,把推动公共文化服务体系建设提升到了关乎落实人民群众文化权利、关乎加快建设文化大省全局的地位而予以前所未有的重视。在率领全省干部群众加快建设文化大省过程中,他对大力发展公益性文化事业、加快建设公共文化服务体系进行了全面深入的探索和战略思考并提出了顶层设计。实施"八八战略"以来,历届省委、省政府坚持一张蓝图绘到底、一任接着一任干,不仅显著加大了文化投入,而且积极尝试创新服务内容和方式,探索市场经济条件下公共文化服务体系建设规律,形成更优的公共文化服务治理结构,提高供给效率,更好地满足了人民群众文化需求。浙江的成功实践,不仅有效改善了文化民生,而且也预示了市场经济大背景下中国公共文化服务发展的方向。

第一节　公共文化服务体系建设的 先行探索与实践

改革开放以来,浙江经济快速发展,但在相当一段时期,文化发展相对滞后于经济发展,文化投入不足,欠账较多,公益性文化发展滞后于经营性文化发展。党的十六大以来,浙江进入了新的发展阶段。践行科学发展观,既必须切实提高人民群众物质生活水平,也必须有效满足人民群众文化需求。在浙江工作期间,习近平同志以"走在前列"的使命意识和发展先进文化的高度自觉,对公共文化服务体系建设进行了深入的思考、先行探索与实践。2005年省委《关于加快建设文化大省的决定》提出了发展公益性文化事业、建设公共文化服务体系的顶层设计。

一、经济发展与公共文化服务发展

改革开放以来,浙江经济快速发展,但在相当一段时期,文化发展相对滞后于经济发展,投入不足,欠账较多。在市场取向改革过程中,那些与市场经济关系比较密切的经营性文化首先出现了繁荣,从而曾一度凸显了经营性文化发展与公益性文化发展的严重不平衡现象。《1992—1996 浙江社会发展状况》一书曾这样描述当时的情况:"文化领域的发展相对不平衡,特别是高雅文化发展缓慢,与日趋红火的通俗文化相比显得比例失调。在公益性文化与消费性文化的发展方面,这几年公益性文化发展相对薄弱,文化设施发展也不平衡。近年来,在我省的大中城市,乃至小城镇等人口密集地区,舞厅、卡拉 OK 厅、夜总会发展很快,但有些智力型、发展型的文化设施如公共图书馆、博物馆等的建设与发展仍不如人意。市场的发展和文化艺术的发展在存在一致性的同时,市场机制的自发作用,有可能更加有利于消费性文化和通俗文化的发展,而不利于公益性文化和高雅文化发展;更加有利于文化娱乐功能的发挥,而不利于文化教育功能的发挥。促进文化多元的平衡发展,支持高雅文化的发展,任务艰巨。"[①]

文化市场能够通过价格浮动等因素,发出灵敏市场信号、形成有力竞争机制,对文化市场主体形成经常性激励和压力,不断降低生产成本,优化生产要素配置,提高产品和服务质量,以最大限度发展生产,形成具有竞争力的新文化产品。然而,在文化领域,市场又不是万能的,它在配置一些社会效益好却缺乏经济效益的公益性文化产品方面也会"失灵"。实践表明,就总体而言,市场经

---

① "浙江社会发展现状与对策研究"课题组. 1992—1996 浙江社会发展状况[M].杭州:浙江人民出版社,1997:111-112.

济不仅在有效利用经济资源方面优于计划经济,而且在促进文化资源合理配置、推动文化繁荣和发展方面也优于计划经济。比如,市场经济能有效地促进文化产业的发展;一个市场机制较为完全因而经济上较富庶的社会,既为公共文化产品的创造、生产和保护提供了剩余资产,也为文化的创造者和享受者提供了闲暇时间;市场机制也为提高公共文化发展效率提供了市场化运作手段。但在文化发展领域,市场机制即使充分发育和运作,其缺陷也是十分明显的:倾向于漠视低收入弱势群体的文化需求;人们往往注重市场价值而忽视那些无市场价值、缺乏赚钱效应的东西;当眼前经济利益与文化发展目标难以兼顾时,人们常常会舍弃后者而追逐前者。

进入"九五"时期以来,公益性文化发展严重滞后的现象也未发生根本性的改变。据《"九五"浙江发展报告(1996—2000 年)》的表述:"尽管全省各级财政对公益性文化事业的投入逐年增加,但由于欠债太多,积存问题多、缺口大,特别是原有部分文化政策未能落实,影响了公益性文化事业的发展,相对于大文化范畴中的教育和科技,更显得滞后。据统计,1998 年浙江省财政投入教育领域达 581192 万元,占当年财政总支出的 20.3%,公益性文化事业总投入为 30856 万元,占当年财政总支出的 1.08%;1999 年公益性文化事业总投入为 30761 万元,占当年财政总支出的 1.07%,低于上年度 0.01 个百分点。此外,体育场地建设资金投入也不足,场地数量偏少。浙江省体育场地数量列全国第 16 位,人均体育场地面积 0.44 平方米,列全国第 23 位,万人拥有体育场地个数 3.7 个,位居全国第 22 位;人均累计体育场地投资为 34.60 元,与发达省市的 200 余元相比差距甚大,与浙江经济强省地位很不相称。"①

世纪之交,随着财政收入逐步增加、文化意识觉醒,省委省政府开始着手解决文化投入不足、欠账较多问题。1999年12月,省委十届三次会议提出"发展文化产业,建设文化大省"战略目标。虽然这个战略目标似乎仅仅突出强调"发展文化产业"而未突出强调"发展公益性文化事业"。但是,把"发展文化产业"提升到前所未有的地位本身,已经意味着浙江开始明确地在理论和实践上将文化产业从传统的大包大揽的"文化事业"发展格局中剥离出来。它不仅对文化产业、文化市场发展本身具有深远意义,而且对自觉构建相对于文化市场、文化产业的公益性文化事业、公共文化服务体系也具有重要意义。把文化产业从传统"文化事业"中剥离出来的必然结果,就是必须重新定位不能被产业化的公益性文化领域的功能、发展途径。这种新思路在《浙江省建设文化大省纲要(2001—2020年)》(以下简称《纲要》)中得到明确表述。《纲要》提出要"正确处理文化事业和文化产业的关系,对不同的文化类型,采取不同的政策和管理方法"。在提出分类发展、分类管理政策的基础上,进一步强调要"充分发挥公共财政的职能,逐步增加对公益性文化事业和重要新闻媒体的投入,鼓励社会力量捐赠公益性文化事业,建立多渠道的投入方式。积极探索文化系统自我积累、滚动发展的有效机制","广泛开展群众性文化体育活动,精心策划和举办重大文化节庆活动,大力推进社区文化、企业文化、校园文化、旅游文化、广场文化的发展。建立健全公共文化服务网络,加强历史文化资源的抢救保护和合理开发利用"。

① 杨建华,葛立成."九五"浙江发展报告(1996—2000年)[M].杭州:浙江教育出版社,2000:402.

二、加快公共文化服务发展的顶层设计

党的十六大报告首次将文化事业和文化产业区分开来,实行分类发展和指导原则,强调"国家支持和保障文化公益事业,并鼓励它们增强自身发展活力""加强文化基础设施建设,发展各类群众文化"。2004年,国家发改委颁布《关于2004年经济体制改革的意见》,提出要"深化公益性文化事业单位劳动人事、收入分配和社会保障制度改革。建立健全公共文化服务体系"。首次出现"公共文化服务体系"这个新概念。2005年10月,党的十六届五中全会进一步提出以"逐步形成覆盖全社会的""比较完备的"为定语的有关"公共文化服务体系"新理念,明确强调要"加大政府对文化事业的投入,逐步形成覆盖全社会的比较完备的公共文化服务体系"。

习近平同志到浙江工作后,在深入调查研究基础上,以"走在前列"的使命意识和发展先进文化的高度自觉,对加快推动浙江公共文化服务体系建设进行深入思考和探索,提出加快公共文化服务发展的顶层设计。

首先,阐明了加快推动公共文化服务体系建设的意义。习近平同志说:"我们的文化是社会主义文化,文化建设的根本目的是满足群众文化需求,实现好人民群众文化权利。在打造文化精品的同时,要更加重视面向基层、面向群众的精神文化产品的创作生产和传播服务,努力建立健全公益性文化事业服务体系,提高公共文化服务能力,把为人民服务、为社会主义服务真正落到实处。"① 这就从中国特色社会主义文化建设根本目的的高度,阐明了公共文化服务体系建设的地位和意义。

---

① 习近平.干在实处 走在前列:推进浙江新发展的思考与实践[M].北京:中共中央党校出版社,2006:330.

其次,明确市场经济大背景下政府在公共文化服务体系建设中的责任。习近平同志说:"繁荣社会主义文化离不开国家的财政投入。文化体制改革是为了更好地发展文化,绝不能简单地理解为政府'卸包袱'和经济上'断奶'。总的原则是,政府要继续加大投入力度。"①"要加大政府对文化事业的投入,逐步形成覆盖全社会的比较完备的公共文化服务体系。"②明确在市场经济大背景下,公共财政是服务型政府矫正市场失衡、弥补市场功能不足的重要手段,是公共文化服务体系建设的血脉。不能把公益性文化机构推向市场,一推了之,政府必须承担责任,加大对公益性文化事业的投入。

再次,阐述加大公共文化服务投入的同时必须优化投入结构的理念和思路。习近平同志指出:"我省城乡文化发展还不平衡,多数文化活动场所集中在县级以上城市,不少农村文化阵地存在缺设施、缺经费、缺人才、缺内容的情况,一些偏远农村至今无法收听收看广播电视节目,文化产品供给的有效性不高,农民群众的精神文化生活还比较贫乏。"③这就表明,如何在加大公共文化服务投入的同时优化投入结构,逐步实现公共财政政策的转型,把更多资金投向公共文化服务的薄弱领域,是一个摆在全省各级党委政府面前的重大问题。习近平同志强调:"提高公共文化服务能力,着力点要放在公益性文化事业的发展上,放在基层特别是农村文化

①　习近平.干在实处　走在前列:推进浙江新发展的思考与实践[M].北京:中共中央党校出版社,2006:329.

②　习近平.干在实处　走在前列:推进浙江新发展的思考与实践[M].北京:中共中央党校出版社,2006:336.

③　习近平.干在实处　走在前列:推进浙江新发展的思考与实践[M].北京:中共中央党校出版社,2006:331.

事业的发展上。"①"我们要充分体现城乡统筹、协调发展的要求，更多地考虑城乡文化的协调发展，无论是在文化设施布局、文化经费投向，还是文化生活安排、文化产品生产等方面，都要更多地向农村倾斜，努力使农村的文化环境有较大改善。"②这就明确了浙江公益性文化事业发展的重点和着力点。

2005 年 7 月，《关于加快建设文化大省的决定》第一次明确地用"社会公共服务""公共文化服务体系"等新词构建有关"公益性文化事业"的表述框架。"提高社会公共服务能力"与"增强先进文化的凝聚力""解放和发展文化生产力"一起，被作为加快建设文化大省的三个着力点之一。加快建设公共文化服务体系问题，已经被提升到了关乎加快建设文化大省全局的地位而受到前所未有的重视。

有学者认为，省委 2000 年出台的第一个与 2005 年出台的第二个有关建设文化大省的纲领性文件③，虽然在内容上都强调经营性文化产业和公益性文化事业两个方面，但仔细分析比较可以看出，第二个纲领性文件"在某种程度上意味着文化大省建设的重心从发展文化产业转向发展文化产业与建设公共文化服务体系并举。这说明，浙江省在文化体制改革的推动下，文化产业部门的改革已经得到了较好的实施，产业潜力已经得到了较大程度的释放，人民群众市场化的文化消费需求得到了较大程度的满足，开始向

---

① 习近平.干在实处 走在前列:推进浙江新发展的思考与实践[M].北京:中共中央党校出版社,2006:330-331.

② 习近平.干在实处 走在前列:推进浙江新发展的思考与实践[M].北京:中共中央党校出版社,2006:331.

③ 第一个文化大省建设文件是指 2000 年出台的《浙江省建设文化大省纲要(2001—2020 年)》;第二个文化大省建设文件是指 2005 年出台的《中共浙江省委关于加快建设文化大省的决定》。

公共文化产品需求提升"。① 显然,这一说法具有相当程度的合理性。在第一个有关建设文化大省的纲领性文件中,虽然十个部分中也以两个部分篇幅分别阐述了"繁荣文化事业"和"发展文化产业"。但省委首次提出"建设文化大省"战略,就是与"发展文化产业"战略并举的(即"发展文化产业,建设文化大省")。不仅如此,第一个纲领性文件也是把"发展文化产业"作为建设文化大省的"突破口"和"重要标志"来布局和部署。2002 年召开的全省文化工作会议,则把"发展文化经济"作为主题,而作为文化经济化产物的文化产业自然而然地成为其中两个方面(经济文化化、文化经济化)的内容之一,而紧随建设文化大省第一个纲领性文件后出台的省委省政府两个政策《意见》②,也体现了对发展文化产业的倚重。虽然前一个《意见》主要针对"公益性文化事业"和"文化产业",而后一个《意见》则几乎是专门针对"文化产业"的。

第二个纲领性文件关于加快建设文化大省战略任务的核心内容,可以被归纳为"三个着力点""八项工程"和"四个强省"③。在三个着力点中,"增强先进文化的凝聚力""提高社会公共服务能力",都与建设公共文化服务体系直接相关,而"解放和发展文化生产力",既包括解放和发展"文化产业"生产力,也包括解放和发展"公益性文化事业"生产力。如有学者所说,"'解放和发展文化生产

---

① 张晓明.文化体制改革:解放和发展文化生产力的关键[M].//浙江经验与中国发展(文化卷).北京:社会科学文献出版社,2007:135.

② 即 2001 年的《浙江省人民政府关于建设文化大省若干文化经济政策的意见》和 2002 年的《中共浙江省委浙江省人民政府关于深化文化体制改革　加快文化产业发展的若干意见》。

③ 即"教育强省、科技强省、卫生强省、体育强省",自从中央提出经济、政治、文化、社会"四位一体"建设总布局以来,"四个强省"中的相当一部分内容已经被纳入"社会建设"范围。

力'包含了两层内容:'解放文化生产力'是针对文化产业,'发展文化生产力'是针对文化事业。前者指向被原有体制束缚的国有经营性文化单位,后者则指向公益性文化事业单位"。① 尤其值得一提的是,作为加快建设文化大省核心内容之核心的"八项工程",除了"文化产业促进工程"以外,其他七项工程都可以归入"公共文化服务体系"建设范畴。在这个纲领性文件中,浙江省"覆盖全社会的比较完备的公共文化服务体系"蓝图首次得到了清晰的呈现,成为指导浙江未来加快公共文化服务体系建设的顶层设计。

更值得关注的是,由于有了被确立为文化体制改革综合试点省以来全省各地的创新性实践基础,以及由此而逐步积累的丰富实践经验,因此,关于建设文化大省的第二个纲领性文件,也以更准确的文字,表达了市场经济发展、政府职能转变、民间社会力量兴起背景下公共文化服务新理念和新方式,即"充分发挥公共财政的支撑作用,探索形成政府主导、社会参与、市场运作的公共事业发展新格局"。

三、创新公共文化服务发展理念和方式

从基本脉络看,改革开放以来中国文化领域经历了由政府"大包大揽"的"文化事业"发展模式;到不加区分地将所有的文化部门推向市场,在市场化的压力下被动地开展"生产自救";再到把公益性文化事业和经营性文化产业区分开来实行分类指导、分类发展的原则。但是,在采取区分不同文化类型并实行分类指导原则以后,许多人尤其是一些领导干部仍然存在着一种错觉,即在市场经济条件下,文化产业发展任务应由企业和市场承担,而计划经济的

---

① 张晓明.文化体制改革:解放和发展文化生产力的关键[M].//浙江经验与中国发展(文化卷).北京:社会科学文献出版社,2007:135.

模式会在某些文化领域保留下来,公共文化服务仍然应当一如既往地由政府"大包大揽",直接由政府生产并提供。然而,实践已经表明,在市场经济条件下,文化领域那种"甩包袱"的做法,会导致公共文化部门生产的萎缩以及供给的不足,即使由政府部门直接生产和提供公共文化产品和服务,也同样无法解决"效率"问题。

因此,在把"公益性文化事业"从传统的、政府"大包大揽"的"文化事业"中剥离出来以后,还需要实施进一步的"剥离",即把"公益性文化事业"从仍然带有计划经济剩余的内涵中"剥离"出来,并充入市场经济内涵。这种"剥离"和"充入"的突破口或关键,在于实现投资主体的多元化,改变以往政府作为公益性文化事业唯一投资者和出资人的状况,从而拓宽公益性文化事业的投资和融资渠道,为公益性文化事业的发展注入新的动力。但这并不意味着"政府甩包袱、财政脱负担",不是要推卸政府的责任,不是要改变公益性文化事业的性质,而是要改变政府传统的缺乏效率的管理手段。

显然,经过进一步"剥离"和"充入"以后,将更加突出在发展"公益性文化事业"过程中,加强公私合作,建立政府、市场和社会的伙伴关系。也就是说,在市场经济条件下,政府对"公益性文化事业"的做法,不是传统的"大包大揽"而是现代公共管理学意义上的"治理"。治理理念视野下的这种"公益性文化事业",事实上在内涵上已经与强调通过结成一种平等的合作伙伴关系来发展的"公共文化服务体系"重合。在中国特殊语境下,"公共文化服务体系"模式,既可能是通过引入新的供给机制和手段的"优化"了的政府供给模式,也可能是打破政府单一主体地位的多种供给主体的新供给模式。正是在这一意义上,建设"公共文化服务体系",乃是市场经济条件下发展"公益性文化事业"的一条崭新途径。这种新型的"公益性文化事业"或"公共文化服务体系"与传统的、带有计划经济剩余内涵的"公益性文化事业"的区别主要体现在以下两个方面。

第一,"公共文化服务体系"这个概念,事实上意味着政府在发展公共文化服务过程中,必须通过与社会其他资源的整合、与社会力量的合作共治,以弥补和矫正自身功能不足。传统"公益性文化事业"的实施主体仅仅是以政府为代表的官方组织和公共部门,政府包揽公共文化领域的一切事务,政府既是出资人,又是运作者和监管者,官方组织和公共部门依靠行政命令采用计划分配的方式提供公共文化产品和服务。显然,这种政事不分的体制,不仅已经被历史证明制约了我国公共文化事业的发展,而且也不符合市场经济发展和政府职能转变的大趋势。而"公共文化服务体系"的实施主体,则不仅仅是以政府为代表的官方组织和公共部门,而且也包括第三部门、民间组织等政府以外的其他社会组织。

第二,"公共文化服务体系"不仅注重经济、效率与效能的实现,同时也注重公平正义的实现、人民群众对公共文化服务不同偏好的满足。传统"公益性文化事业"突出政府的行政力量,通过一个统一的指挥链条,由最高层开始,自上而下,直至最基层,由此完成公益性文化服务的生产和供给全过程。这种以政府为中心的传统体系,不仅难以实现效率最大化,而且也难以对多种多样的文化偏好做出灵敏的反应。而"公共文化服务体系"则不仅注重经济、效率与效能的实现,同时也注重公平正义的实现、人民群众对公共文化产品和服务不同偏好的满足;强调通过与市场机制的结合来整合和优化公共文化服务资源,包括公共文化部门的改革和重组、竞争机制的引入,以促进公共文化服务投入和管理效率的提高和改善;强调管理者的责任,强调公众导向、服务导向、绩效导向和结果导向等核心理念,强调通过体制外的监督来实现管理者责任的履行。

毋庸置疑,从计划经济下的"文化事业"到"公益性文化事业",再到"公共文化服务体系",不仅仅是词语表述上的变化,更重要的是,每一种新的表述都意味着人们认识水平上的一次新的飞跃。而认识上的飞跃,又总是以实践发展为基础。浙江的实践表明,一个从传统文化发展模式中脱胎而出的公共文化服务体系,总是与市场经济的孕育和发展从而文化产业和文化市场的孕育和发展、"市场失灵"的暴露、文化体制改革的展开、政府职能的转变、民间社会力量的兴起等因素相伴随的。

如果把"公共文化服务"不同于"公益性文化事业"的最突出特征,视为"加强公私合作,建立政府、市场和社会的伙伴关系",那么,作为市场经济的先发省份,早在世纪之交浙江省就已经初步萌生了"公共文化服务"的理念。事实上,改革开放以来,"民间诱致"与"政府增进"相结合的浙江经济制度创新过程,本身就是政府、市场和社会三者新型伙伴关系的形成过程。诚然,改革开放以来浙江各地"民间诱致"与"政府增进"现象的形成,乃是民间与政府博弈的一种结果,是一种扩展的自然秩序。但是,"民间诱致"基础上的"政府增进"这一概念,更接近于公共管理学意义上的"治理",而不是传统政治学意义上的"统治",即通过协作、协商、伙伴关系等方式实施对公共事务的有效管理;更接近于一种"复合政治",而不是一种"等级政治"。正是在"民间诱致"与"政府增进"的制度变迁过程中,浙江省各级地方政府逐渐意识到,在市场经济条件下,政府只是市场规则的制定者和市场环境的监管者,政府管理的主要职能就是为市场、企业、公民提供服务,缩减政府的职能、改变政府大包大揽一切事务的做法已经势在必行。政府对社会进行管理,必须从"越位"的地方"退位",在"缺位"的地方"补位"。

"民间诱致"与"政府增进"的制度变迁实践,既为浙江先于全国形成与市场经济扩展秩序相适应的现代地方治理模式积累了丰富的经验,也为浙江形成"加强公私合作,建立政府、市场和社会的伙伴关系"的"公共文化服务"理念,创新公共文化发展模式,提供了较为充分的土壤和条件。浙江的实践表明,从传统模式下政府对文化事业大包大揽的单一负责制,转向以政府保障为主,政府、企业、第三方、个人等多方参与的多元格局,是市场经济条件下公共文化服务体系建设的一个必然趋势。在市场经济大背景下,政府已经不再是垄断公共文化事务的唯一机构,政府有必要把大量公共文化事务让渡给各类社会主体,让其承担大量政府"不该做"或"做不好"的工作,从而实现公共文化产品和服务从传统的单中心提供模式向多中心、多层次、协同合作的提供模式转变,提高公共文化服务体系建设效率,更好地满足公众的公共文化需求。

早在 2000 年出台的《浙江省建设文化大省纲要 2001—2010年》中,已经明确提出了要"建立多渠道的投入方式""积极探索文化系统自我积累、滚动发展的有效机制",而且提出要"建立鼓励社会力量办文化的新机制","将社会力量办文化纳入文化发展的总体规划,努力形成政府投入与社会投入相结合的多渠道、多元化的文化投入机制。积极探索以市场化运作方式发展文化的新途径,坚持'谁投入,谁收益'的原则,建立新的分配激励机制、市场营销机制、风险共担机制。对各类文艺体育活动,要积极引入招投标机制。"

这些都突出地表明,作为市场经济的先发省份、全国民营经济大省,浙江省已经意识到,今天的公益性文化事业发展不能背离市场经济大背景。市场经济条件下公益性文化事业发展模式已不同于计划经济体制下政府大包大揽的"文化事业"模式,必须引入市场机制、社会力量,尽量借助一些被实践证明是灵验的市场手段,建立政府、市场和社会的伙伴关系,实现政府与市场、社会的互动互补,形成更优的公共文化服务供给机制,提高公共文化的发展效率,更好地满足群众的公共文化需求。

实施"八八战略"以来,全省各级财政对公益性文化事业的投入力度逐年加大。"十五"期间,浙江省文化投入总量位居全国第二位,人均文化经费7.8元,居全国各省区首位。"十一五"时期全省文化投入力度进一步加大。特别值得一提的是,实施"八八战略"以来,浙江省显著地加大了长期以来公共文化服务短板的农村文化投入。2006年省级专项资金对农村文化投入达到8200万元,比"十五"期间每年投入的1500万元增加了4.5倍。从2007年起,省级专项资金对全省农村文化投入增加到每年10900万元。其中,农村文化设施建设即"两馆一站"建设专项资金达到了每年3800万元,主要用于全省欠发达地区农村文化设施建设。正是由于大力度的投入,全省开始逐步形成省、市、县三级(公益性)文化设施网络体系。浙江城乡的公共文化设施建设和公共文化服务水平,开始跃居全国前列。

第二节　不断加快推动公共文化服务创新与发展

实施"八八战略"以来,历届省委坚持一张蓝图绘到底,从加快建设文化大省、文化强省到努力建设文化浙江,既一脉相承又与时俱进,在不同的历史条件下,不断推动浙江公共文化服务体系建设跃上新的台阶。

一、建立较为完善的公共文化服务体系

党的十七大以来浙江经济社会发展进入更高阶段。2008 年,全省生产总值(GDP)达到 21487 亿元,全省人均 GDP 达到 42214 元,超过 6000 美元,比全国人均 GDP(约 22698 元、3268 美元)高出 86%,位列上海、北京、天津之后,居全国第 4 位、各省区第 1 位。这意味着浙江省公共财政更加宽裕,居民更加富裕,文化消费能力普遍提高。与此同时,虽然实施加快建设文化大省战略以来,浙江公共文化服务体制改革创新取得突破性进展,但仍然存在着问题。比如,在公共文化服务领域中引入市场机制后,监督和考核制度还未相应到位。在推进公共文化发展的过程中,各级政府也已经开始考虑到监督和考核制度的建立和完善问题。但就总体来看,执行的成效还不够理想。政府对社会力量参与公共文化事业发展优惠政策落实还不够有力。对民营经济参与公共文化发展的监管力度也不够大,造成一些民间组织不良竞争,浪费了社会资源,乱收费现象也时有发生,而一些具有良好发展潜力的民间组织却由于资金、政策未到位而得不到很好的发展。此外,一些公益性文化事业单位制度外财政收支账证不全,甚至没有建账,监督成本过高,监督不足。公益性文化事业发展资金被短期或长期挪用,不能及时到位或不能到位的现象,也在一定程度上存在。公共文化需求表达不足,表达机制不健全。

在这一背景下,进一步破除公共文化服务发展的体制机制障碍,加快构建公共文化服务体系问题,被提到更加重要的议事日程。2008 年 6 月,省委工作会议通过有关建设文化大省的第三个

纲领性文件《浙江省推动文化大发展大繁荣纲要》(以下简称《纲要》),进一步把公共文化服务体系与社会主义核心价值体系、文化产业发展体系一起,作为浙江文化建设的三大体系之一。《纲要》不仅明确了浙江公共文化服务体系建设总体目标,即"公共文化服务体系进一步完善。率先建成覆盖全社会的、较为完善的公共文化服务体系,城乡、区域文化协调发展,公益性文化单位的公共文化服务水平显著提高,基本公共文化服务均等化逐步实现,人民群众看电视、听广播、读书看报、进行公共文化鉴赏、参加大众文化体育活动等基本文化权益得到保障,社会文化生活更加丰富",而且也明确阐述公共文化服务体系建设的主要任务,即"增强公共文化产品的生产供给能力""完善公共文化服务网络""加强文化遗产保护和利用"。

尤其值得一提的是,《纲要》以相当大篇幅较为系统地阐述"创新公共文化服务方式"的内涵和途径,提出要通过政府采购、项目补贴等方式,提高重要公共文化产品、重大公共文化服务项目和公益性文化活动的服务效益。加大向基层尤其是低收入和特殊群体提供免费公共文化服务的力度,扩大重点党报党刊免费配送农村的范围。发挥浙江民营经济优势,积极引导社会力量以兴办文化俱乐部、赞助活动,免费提供设施等多种形式参与公共文化服务。支持民办公益性文化机构的发展,鼓励民间开办博物馆、图书馆等,促进公共文化服务方式的多元化、社会化。可以说,在这份省委有关建设文化大省的纲领性文件中,"免费""低收费""政府主导""社会参与""市场化运作"等原则得到比较充分的阐述,以全新理念和方式加快推动浙江公共文化服务体系建设,使这一思路得到相当清晰的表述。

"十一五"时期以来,浙江省各级财政文化投入总量较"十五"同期又有显著提高。浙江文化事业费占财政支出比重连续多年位居全国首位。正是由于"十一五"时期进一步显著地加大了文化投入,全省公共文化设施建筑面积总量稳步提高。全省建成县级以上文化广场、文化中心 300 余个,浙江自然博物馆新馆、浙江美术馆、浙江省博物馆武林馆区(浙江革命历史纪念馆)等省级大型设施先后建成,全省建成了温州大剧院、湖州大剧院、杭州图书馆、宁波博物馆、丽水文化艺术中心、良渚博物院等一批上规模上档次的现代化大型文化设施,初步构建了公共文化设施的主体框架。

二、形成更优的公共文化服务治理结构

2011 年,浙江人均 GDP 突破 9000 美元,经济结构、社会结构、城乡结构、消费结构变化步伐显著加快,人民群众精神文化需求迅速增长,呈现出多方面、多层次、多样性等特点,为公共文化服务体系建设注入新动力。2011 年 10 月,党的十七届六中全会把建设公共文化服务体系纳入建设社会主义文化强国总体布局,强调"必须坚持政府主导,按照公益性、基本性、均等性、便利性的要求,加强文化基础设施建设,完善公共文化服务网络,让群众广泛享有免费或优惠的基本公共文化服务"。11 月,省委十二届十次全会通过《中共浙江省委关于认真贯彻党的十七届六中全会精神　大力推进文化强省建设的决定》(以下简称《决定》),对加快推动文化大省向文化强省迈进做出了新的战略部署。《决定》把"着力构建公共文化服务体系"作为加快建设文化强省 6 个主要任务之一,并从"完善公共文化设施网络""增强公共文化服务能力""创新公共文化服务机制""加强现代传播能力建设""加强文化遗产传承和利用"等方面,对公共文化服务体系建设进行了新的部署。

　　不仅如此，这个有关建设文化强省的纲领性文件，再次以相当篇幅阐述市场经济大背景下以全新理念和方式建设公共文化服务体系的思路。不仅强调"公益性文化事业单位、专业艺术团体、广播影视机构、出版企业和文联、社科联、作协等文化团体要充分发挥主体作用，为群众提供更多更好的公共文化产品"，"把主要公共文化产品和服务项目、公益性文化活动纳入公共财政经常性支出预算"，而且强调"要采取政府购买、项目补贴、贷款贴息、税收减免等政策措施，鼓励文化企业参与公共文化服务"；不仅强调"各级财政要确保足额经费投入，完善各级公共图书馆、博物馆、美术馆、文化馆、纪念馆等公共文化场馆的免费开放服务，逐步推进展览馆、科技馆、工人文化宫、青少年宫等免费开放"，而且强调要"发挥浙江民营经济优势，鼓励社会力量积极参与公益性文化建设，支持民办博物馆、艺术馆等民间文化机构的发展"。这些表述的关键点，就是要把政府权威与市场优势有机结合在一起，实现从传统的单中心提供模式向多中心、多层次、协同合作的提供模式转变，形成供给项目多、对象广、模式优、效率高的治理结构，更好地满足公众文化需求。

　　上述提法既体现了开展建设文化大省战略以来浙江省公共文化服务体系建设一以贯之的主题，也体现了市场经济大背景下公共文化服务体系建设必须着重解决的两大问题，即"均等化"和"效率"或"公平"与"效率"的问题。"社会公平就如同效率、经济、生产率以及其他标准的使用一样也会成为公共行政的效率标准。"[①]实践表明，由政府大包大揽的传统"文化事业"发展模式，既被实践证明是低效率的，也无助于有效推进均等化。因此，解决这两个问题

---

①　乔治·弗雷德里克森.新公共行政[M].北京：中国人民大学出版社，2011：22.

都与创新文化投入方式、公共文化设施与服务运作机制、管理机制，构建市场经济条件下公共文化服务发展新模式有关。

三、高水平推进公共文化服务体系建设

2013年10月，党的十八届三中全会通过《中共中央关于全面深化改革若干重大问题的决定》提出，要"建立公共文化服务体系建设协调机制，统筹服务设施网络建设，促进基本公共文化服务标准化、均等化。建立群众评价和反馈机制，推动文化惠民项目与群众文化需求有效对接。整合基层宣传文化、党员教育、科学普及、体育健身等设施，建设综合性文化服务中心"。"明确不同文化事业单位功能定位，建立法人治理结构，完善绩效考核机制。推动公共图书馆、博物馆、文化馆、科技馆等组建理事会，吸纳有关方面代表、专业人士、各界群众参与管理。""引入竞争机制，推动公共文化服务社会化发展。鼓励社会力量、社会资本参与公共文化服务体系建设，培育文化非营利组织。"这就进一步明确了构建现代公共文化服务体系、创新公共文化服务发展体制机制的目标和任务。

2013年11月，省委十三届四次全会通过《中共浙江省委关于认真学习贯彻党的十八届三中全会精神 全面深化改革再创体制机制新优势的决定》，提出"建立公共文化服务体系建设协调机制，统筹服务设施网络建设，促进基本公共文化服务标准化、均等化"。"完善文化设施网络建管用机制，分类分层推进覆盖城乡的文化设施网络建设。实施基本公共文化服务提升计划，以农村和欠发达地区为重点继续推进重大文化惠民工程，推进群众性文化活动广泛开展。深入推进农村文化礼堂建设，着力打造农村精神家园。"更值得一提的是《决定》再次明确了"鼓励社会力量、社会资本参与公共文化服务体系建设，培育文化非营利组织，推动公共文化服务

社会化发展","创新公共文化服务机制,探索公共文化设施共建共享模式"。

2014 年 5 月 23 日,省委十三届五次全会通过《中共浙江省委关于建设美丽浙江创造美好生活的决定》,将推动公共文化服务体系建设作为建设美丽浙江创造美好生活的重要内容,将提升城乡居民精神生活品质作为提升城乡居民生活品质的重要标志,强调要"加强公共文化服务体系建设,不断增强基本公共文化服务的均衡性、普惠性,推进重大文化惠民工程,推进农村文化礼堂等设施建设,广泛开展群众性文化体育活动,不断丰富城乡居民精神生活,培育良好社会心态,促进群众身心健康"。

2015 年 7 月,为弘扬社会主义核心价值观,提高城乡公共文化服务水平,根据中共中央办公厅、国务院办公厅印发的《关于加快构建现代公共文化服务体系的意见》精神,省委办公厅、省政府办公厅印发《关于加快构建现代公共文化服务体系的实施意见》,不仅提出到 2020 年基本建成城乡一体、区域均衡、人群均等的现代公共文化服务体系的目标,而且也从统筹推进均衡发展、进一步完善设施网络、增强发展动力、加强产品和服务供给、推进与科技融合发展、完善管理体制和运行机制、加大保障力度等方面,对新历史条件下浙江省加快构建现代公共文化服务体系作全面布局和部署。2016 年是"十三五"时期起始年,同年 6 月,省发展和改革委员会、省文化厅印发《浙江省文化发展"十三五"规划》,进一步明确未来五年公共文化体系建设总体目标,从推进公共文化服务均衡发展、数字化发展、社会化发展、品牌建设等方面,明确"十三五"时期浙江省"坚持率先发展,构建现代公共文化服务体系"的主要任务。

2017 年 6 月,省十四次党代会围绕"两个高水平"的奋斗目标,提出包括"努力建设文化浙江"在内的六个具体目标。为全面落实省第十四次党代会决策部署,扎实推进文化浙江建设,11月29日,省委省政府正式发布《关于推进文化浙江建设的意见》,提出文化浙江十大工程之一的"基本公共文化服务提升工程"目标是:"加快构建城乡一体、区域均衡、人群均等的现代公共文化服务体系,高水平推进基本公共文化服务标准化均等化。实施高水平推进基本公共文化服务标准化均等化行动计划和文化惠民工程,全面落实浙江省基本公共文化服务标准,推进国家、省公共文化服务体系示范区(项目)创建,稳步提升公共文化服务水平。深入推进农村电影发行放映体制改革等四项全国改革试点,建立基本公共文化服务标准化均等化建设评价机制,完善公共文化机构绩效考评制度。完善政府购买公共文化服务机制,拓宽政府购买公共文化服务范围。建立农村电影放映长效机制。"11月,以贯彻落实《中华人民共和国公共文化服务保障法》为契机,省十二届人大常委会通过《浙江省公共文化服务保障条例》(以下简称《条例》)。《条例》共34条,主要包括了强化政府主体责任、大力推进均等化建设、科学布局公共文化设施、提升公共文化服务效能、引导社会力量广泛参与等五个方面的内容。《条例》的出台,对更好地保障人民群众的基本文化权益具有重要的意义。

党的十八大以来,浙江省重大文化设施建设进一步加快推进,公共文化设施网络不断完善,公共文化服务治理结构日益优化,政府主导、市场化运作、社会力量参与的更优公共文化服务发展机制加快形成,公共文化服务效率不断提升。至2018年底,全省共有公共图书馆103个,文化馆101个,文化站1374个,博物馆337个,隶属文化部门艺术表演团体64个;广播、电视人口综合覆盖率分别为 99.73％和 99.80％；乡镇综合文化站、村级文化活动室基本实现全覆盖。2019 年,浙江省完成 107 个重点乡镇、1228 个薄弱村公共文化服务标准化均等化建设任务,新建农村文化礼堂 3282 个,新增全国重点文物保护单位 50 处,县级融媒体中心实现全覆盖,之江文化中心加快建设,送戏下乡 2.5 万场,送书下乡 345 万册。

第三节　市场经济背景下的公共文化服务发展方向

实施“八八战略”以来,浙江显著加大投入,积极尝试创新公共文化服务内容和方式,转变和创新投入方式、管理和运作机制,探索市场经济条件下公共文化服务发展规律,以全新理念和方式探索形成更优治理结构、更高供给效率,不仅有效改善了文化民生,而且为公共文化服务体系建设的“中国方案”贡献了浙江经验。

一、公平是推动公共文化服务发展必须坚持的原则

改革开放以来相当一段时期,浙江省不仅文化投入少而且投入结构也存在严重的不平衡现象。实施建设文化大省战略以来,全省各地不断加大对欠发达地区和农村、社区等的投入,不断完善公共文化服务网络、创新服务机制、增加服务手段、丰富活动形式,促进了城乡和区域文化统筹协调发展,推动了公共文化服务的均等化,较好地保障了人民群众的基本文化权益。浙江的实践表明,公正平等是推动公共文化服务体系建设必须坚持的原则。

公正平等是公共文化服务最重要的价值理念之一。《布莱克法律词典》从最广泛和最一般的意义上对“公平”作了如下界定:“‘公平’意指公正和正当的精神和习惯以及分配谁将会调控人与

人交往的权利——亦即所有的人对待他人的行为规则；或者说，如同查士丁尼（Justinian）所表达的那样，'诚实地生活，不伤害任何人，公平对待每一个人'。因此，它是自然权利或正义的同义语。但是，在这个意义上，公平的义务与其说是法律的，倒不如说是伦理的，关于公平问题的讨论属于道德的范围。它根基于意识的箴言而非成文法的制裁。"①罗尔斯则强调公民基本权利的平等，主张平等权利不受利益因素的侵犯，"在一个正义的社会里，平等的公民自由是确定不移的，由正义所保障的权利决不受制于政治的交易和社会利益的权衡"。② 虽然奥肯不同意罗尔斯把"优先权交给平等"的观点，也不同意弗里德曼"把优先权交给效率"的观点，但也认为，在社会和政治权利领域中，公民权利、政治权利、法律权利、生存权利等基本权利的分配是平等和无偿的，而且，权利平等与经济效率并无矛盾和冲突，"源于机会不均等的经济不平等，比机会均等时出现的经济不平等更令人不能忍受（同时，也更可以补救）"。③

　　文化权利的分配也必须是平等的。1948 年 12 月联合国大会通过的《世界人权宣言》第二十七条规定："人人有权自由参加社会的文化生活，享受艺术，并分享科学进步及其产生的福利。""人人对由于他所创作的任何科学、文学或美术作品而产生的精神的和物质的利益，有享受保护的权利。"1966 年 12 月 16 日由第二十一届联合国大会通过的《经济、社会及文化权利国际公约》强调了经济、社会、文化权利与公民、政治权利的同等重要性和不可分割性，

---

① 转引自（美）H. 乔治·弗雷德里克森. 新公共行政［M］. 北京：中国人民大学出版社，2011：24.

② （美）罗尔斯·J. 正义论［M］. 北京：中国社会科学出版社，1988：2.

③ （美）阿瑟·奥肯. 平等与效率　重大的抉择［M］. 北京：华夏出版社，1999：72.

确立了民族自决的权利,对于维护和促进发展权,建立公正的国际政治经济新秩序产生了积极影响。1997 年 10 月 27 日,我国签署了《经济、社会及文化权利国际公约》(以下简称《公约》);2001 年 3 月 27 日,我国政府批准了该《公约》,同年 6 月 27 日,《公约》对我国正式生效。《公约》第二条第二款规定:"本公约缔约各国承担保证,本公约所宣布的权利应予普遍行使,而不得有例如种族、肤色、性别、语言、宗教、政治或其他见解、国籍或社会出身、财产、出生或其他身份等任何区分。"第三条规定:"本公约缔约各国承担保证男子和妇女在本公约所载一切经济、社会及文化权利方面有平等的权利。"第十五条第一款规定:"本公约缔约各国承认人人有权:(甲)参加文化生活;(乙)享受科学进步及其应用所产生的利益;(丙)对其本人的任何科学、文学或艺术作品所产生的精神上和物质上的利益,享受被保护之利。"中国宪法规定"公民在法律面前一律平等"。公正平等既体现在政治、经济、社会等领域,也体现在文化领域尤其是公共文化服务领域。

这些都表明,在提供公共文化产品和服务时,必须惠及全民,不应存在任何地域、城乡、种族、身份等的歧视,即所谓地不分南北、人不分老幼、身份不分高低贵贱,均有权享受到同样的、质量稳定、程序公平的对待,所有公民都应享有平等的文化服务。作为平等的公民,任何人都应当拥有享受图书馆、博物馆、文化馆等各种公共文化基础设施以及公共文化服务的权利,拥有平等参与文化活动、从事文化创造的机会。

当然,平等性原则在不同空间和区域、不同经济社会发展阶段具有不同的具体内涵和具体实现形式,是公共文化服务的机会和效果大体平等,而不是内容的完全均一。坚持平等性原则的目的,是消除因发展水平差异和个人天赋差别而对社会成员享有基本文化权利的影响和制约,而不是彻底抹杀社会差异。当然,坚持平等性,要求政府尽可能地将差距控制在人们可接受的范围,并最大限度满足人们日益增长的公共文化需求。

二、弱势群体是衡量公共文化服务整体水平的标尺

实施"八八战略"以来,浙江省不仅显著加大了对欠发达地区、农村地区的文化投入,在公共文化服务上向弱势群体倾斜,而且不断地创新有效改善弱势群体文化民生的内容和方式。这些做法,不仅体现了公平性、便利性、均等性等宗旨,而且也体现了以结果为导向、以保障人民群众最基本、最直接、最核心文化利益为导向的公共文化服务理念。

从理论上看,公共文化服务均等化主要体现为服务对象的全体性,即必须惠及全民,全体居民享有充分的自由选择权,有机会、有权利、有能力享有与公民基本权利有关的基本公共文化服务项目,无论对象为何人,因收入差距无机会支付或付不起基本公共文化服务使用费的情形大体上得以消除。从现实需求分析,公共文化服务均等化的重点对象是困难或弱势社会群体。这些社会群体享受公共文化服务的状况,既是衡量全社会公共文化服务和全社会文化福利整体水平的重要标尺,也是衡量公平正义和权益保障程度的重要尺度。

一方面,在市场经济大背景下,公共文化服务均等化并不意味着政府"大包大揽"地提供所有文化服务,也不意味着所有人都只能且必须享受政府提供的一般化、保障性、标准化的公共文化服务。基本公共文化服务均等化,是一定区域内公共文化服务中最核心、最基础部分的均等化,是与人民群众最关心、最直接、最现实

的切身文化利益密切相关部分的均等化,而不是所有公共文化服务的均等化,是享受和参与的机会和效果均等,而不是简单的无差异化或简单的平均化。在市场经济条件下,政府仅仅提供一般化、保障性、基本性、标准化的各种公共文化服务项目。个人如果有足够的货币支付能力,也可以在政府提供的基本公共文化服务之外,选择由市场提供的更多的文化服务。

另一方面,遵循产品和服务跟随货币选票原则的市场机制,倾向于漠视无货币支付能力的弱势社会群体的文化需求。市场经济的这一缺陷,需要通过"均等化"的途径加以弥补。在市场经济条件下,优胜劣汰的竞争机制以及人们进入市场条件的巨大差别,即使在起点和过程公平的前提下,客观上也会导致人们悬殊的收入差别,这难免造成高收入者有更多机会、更容易接近物质生活服务项目和精神生活服务项目,而低收入群体则可能与此无缘的局面。"在不了解具体情况时,他们不知道自己将会属于强势群体还是弱势群体。于是,智慧告诉人们所选择的正义原则必须改进最弱势一方的状况,因为每个人都可能很容易沦为那个弱者。"①所以,有必要通过采用税收、捐助等多种形式,将高收入群体的部分收入"转移"给低收入者,通过均等化的机制,改变物质产品和服务项目、精神产品和服务项目上的分配不公平现象,满足全体社会成员日益增长的物质和文化需要。

正因如此,虽然均等化主要体现为服务对象的全体性,即必须惠及全民,但重点对象不是高收入社会群体,而是城乡、区域弱势或困难社会群体,重点关注和保障弱势或困难群体基本文化权益。

---

　　①　转引自(美)H.乔治·弗雷德里克森.新公共行政[M].北京:中国人民大学出版社,2011:25.

均等化的内容和范围,是政府公共文化服务职能的"底线",由政府负最终责任。这就意味着推进公共文化服务均等化,重心必须下移,必须扩大公共财政覆盖面,把更多财政资金投向薄弱领域,不断加大对重点支出项目的保障力度,向农村倾斜,向经济发展落后地区倾斜,向困难地区、困难基层、困难群众倾斜,不断改善弱势或困难群体的文化生活条件,最终让广大人民群众共享文化发展成果。

公共文化服务均等化的范围和标准也是动态的,随着经济发展水平和政府保障能力的提高,范围和内容会不断变化和扩展,标准会不断调整,水平也会不断提高。因此,公共文化服务均等化,也意味着政府必须根据不同发展阶段要求,动态地制定或调整相关基本范围和标准(设施标准、设备标准、日常运行费用标准、人员配备标准等),保证政府、公共文化机构和社会组织等在不存在特殊门槛、社会歧视和社会偏见前提下,使每个社会成员能够有机会和权利接近法定基本公共文化服务项目。

三、体制创新是提升公共文化服务效率重要途径

实施"八八战略"以来,浙江全省各地不仅普遍加大了公共文化服务的投入,而且在优化公共文化服务治理结构,尤其是借助市场机制、引入社会力量,实现政府与市场、社会的多元合作、互动互补等方面,也进行了积极的尝试和探索。与此同时,浙江不少地方还从整合公共文化服务资源、完善服务网络、创新服务机制、增加服务手段、丰富活动形式等方面入手,积极尝试创新公共文化服务内容和方式,建立以公众需求为导向、优质高效、普遍均等的新型城乡公共文化服务机制,形成城乡公共文化产品和服务"超市式"供给、"菜单化"服务的模式,保障公众基本文化权益。这些做法和经验,预示了中国公共文化服务发展方向,对于探索市场经济大背

景下公共文化服务体系建设规律,破解市场经济条件下公共文化服务发展难题,形成更优的公共文化服务治理结构,提高公共文化服务供给效率,更有效地满足公众基本文化需求,具有重要的示范、参考和借鉴价值。浙江的实践表明:

第一,文化发展总是在一定经济体制和行政体制下进行的,不同的经济体制和行政体制会给文化发展打上不同的烙印。当市场经济已经成为一种基本经济制度时,不仅经营性文化产业必须充分运用市场机制得以发展并围绕市场经济的优势和缺陷发挥自身的功能,而且公益性公共文化事业也必须借助市场经济手段以提高自身的效率并围绕市场经济的优势和缺陷发挥自身的功能。与此同时,伴随着从全能政府向有限政府的转变,政府既无必要也无可能继续统包统揽公共文化发展事务,公共文化事业也必须围绕政府的优势和缺陷发挥自身的功能。

第二,以符合市场经济规律、政府职能转变要求的全新理念和全新方式建设公共文化服务体系,不是要改变公共文化服务公益性质以及保障人民群众基本权益这一根本宗旨,而是要通过引入市场机制和社会力量,优化公共文化服务的微观主体,弥补政府与市场的不足或功能缺陷,把政府权威与市场交换的功能优势有机地组合在一起,实现公共文化产品和服务从传统的单中心提供模式向多中心、多层次、协同合作的提供模式转变,以解决政府在公共文化领域投入不足、管理不善、资源浪费、效益低下等问题,形成更优的公共文化服务体系建设模式,加快发展步伐,从而更有效地推动公共文化服务均等化,更好地保障人民的基本文化权益。

第三,历史已经表明,过去那种由政府"大包大揽"的文化事业发展方式,不仅缺乏活力和效率,而且也未能有效地实现政府保障公众基本文化权益的责任。在新的模式和机制下,公共文化服务治理并不必然由政府垄断或操纵,民营部门、社会组织等都可以参与治理;政府的责任是"掌舵"而不是"划桨",是遵循和利用市场经济规律,按照转变自身职能的要求来促进公共文化事业发展。这样,不仅可以解决传统公共文化事业发展中因"统得过死"而缺乏效率的问题,而且也使政府有更多的精力集中于公共文化领域的管理,从而更好地履行自身的公共文化服务职能。

◆◆ 本章小结

1. 实施"八八战略"以来,浙江省不仅显著加大对公共文化服务的投入,在公共文化服务上向弱势群体倾斜,而且不断创新公共文化服务内容和保障文化民生的方式方法。体现了公共文化服务的公平性、便利性、均等性等宗旨,体现了以结果为导向,以保障人民群众最基本、最直接、最核心文化利益为导向的公共文化服务理念。

2. 浙江省的成功实践预示了市场经济背景下中国公共文化服务发展的方向。在市场经济条件下,在坚持公共文化服务公益性原则的前提下,有必要通过引入市场机制和民间资本,优化公共文化服务微观主体,推动国有文化事业单位的改革和机制转换,以解决政府在公共文化领域投入不足、经营不善、效益低下、资源浪费等问题。

3. 引入经济机制和社会力量的目的,不是放弃政府在公共文化事业发展中的责任,而是更好地承担这种责任。在新机制下,政府的责任是遵循和利用市场经济规律发展公共文化事业,任务是从公共文化产品和服务的经营者转变为组织管理者。这样既可解决公共文化事业发展中"统得过死"的问题,也使政府有更多精力集中于公共文化事业管理。

◆◆【案例 3-1】

宁波市鄞州区"天天演"文化惠民工程

宁波市鄞州区"天天演"文化惠民工程开始于 2009 年,通过公开招标的方式,鄞州区政府与宁波和盛文化演艺发展公司合作开展"天天演"文化惠民工程,由政府负责采购和监督,外包公司统筹安排演出计划,负责具体配送和组织实施,开展面向公众的免费巡演。至 2019 年,宁波市鄞州区"天天演"文化惠民工程已经实施了整整 10 年。10 年来,"天天演"每年都为鄞州区 21 个镇、街道的村、社区,送戏 800 多场,惠及观众 30 多万人次,百姓在家门口就能欣赏到高质量的演出,得到了社会的广泛好评。"天天演"已经成为政府公共文化服务外包的一种典型模式。

第一,政府主导。在"天天演"运行过程中,宁波市鄞州区委宣传部、区文化局始终扮演着责任主体的角色,既是外包服务平台的搭建者,又是外包服务的出资人,同时还承担外包服务的监管、考核和评价等职责。

第二,公司运作。和盛公司是一家股份制公司,接受宁波市鄞州区政府的服务外包,负责供需对接、产品采购、配送及全程监督等任务。和盛在确保"天天演"政府采购合同完成的前提下,尽量降低采购和运行成本,获取了一定的经营利润,基本保证了公司的日常运转。在此基础上,公司积极拓展市场,在商业性演出、培训等方面实现了突破,不断发展壮大。

第三,专业生产。"天天演"面向全国进行采购,改变了过去单纯依靠国有文化单位和本地文化团队提供产品的做法,让群众享受到更多专业水平高的演艺服务。通过"天天演",引进了大量优质演艺资源,基本都是引进地市级以上剧团,往常少见的省级、国家级剧团现在很平常,从根本上改变了农村演出市场以民间职业剧团演出为主的状况。

第四,公众参与。从一开始对采购团队、剧目乃至演员的选择,到最后对演出质量优劣的评论,公众意见都得到了重视,他们的参与度更大、归属感更强了。

案例来源:洪贤兴,胡华宏.鄞州"天天演"公共文化服务外包的调查与思考[J].政策瞭望,2010(11);周雅雅."天天演"文化惠民工程之"国庆七天乐"启幕 41 场精彩纷呈的演出送到城乡基层[EB/OL].(2019-10-03)[2020-01-12].http://www.nbtv.cn/xwdsg/nb/30233121.shtml.

案例简析 >>>

采取"政府采购、公司运作、全民享受"的服务外包、委托经营运行方式,已经成为提高公共文化设施和服务专业化程度、组织效率的有效途径。在传统的政府"大包大揽"模式下,政府包办公共文化服务,公共文化服务效率低下,群众参与度低,供需对接不充分,即使花了很多钱,群众也不一定满意。宁波市鄞州区"天天演"模式有效保障了公众的文化参与权、享受权、选择权和评价权。通过政府公共文化服务外包,群众看到了多层次、多样化的优质文化演出,这在以前是不可想象的;演艺团队减少了营销方面的精力和成本,可以更加专注于演艺水平的提升;政府管理部门也能从以往因"办文化"而产生的大量繁杂事务中摆脱出来,实现从"办文化"向"管文化"转变。

◆ 思考题

1.在浙江工作期间习近平同志是如何对加快建设公共文化服务体系进行探索和思考的?

2.为什么说从"公益性文化事业"到"公共文化服务体系",不仅是表述上的变化,更是人们认识水平上的新飞跃?

3.为什么说浙江省创新公共文化服务理念和方式的探索与实践,体现了市场经济大背景下公共文化服务发展的方向?

◆◆ **拓展阅读**

1.习近平.习近平关于社会主义文化建设论述摘编[M].北京:中央文献出版社,2017.

2.欧文·E.休斯.公共管理导论[M].张成福,王学栋,等,译.中国人民大学出版社,2001.

3.陈立旭.创新公共文化发展模式:浙江的探索[M].北京:中国社会科学出版社,2014.

4.陈立旭.文化发展:浙江的探索与实践[M].北京:中国社会科学出版社,2018.

5.陈瑶.公共文化服务:制度与模式[M].杭州:浙江大学出版社,2012.

6.李景源,张晓明.浙江经验与中国发展(文化卷)[M].北京:社会科学文献出版社,2007.

7.丹尼斯·C.缪勒.公共选择理论[M].韩旭,杨春学,译.北京:中国社会科学出版社,2010.

8.H.乔治·弗雷德里克森.新公共行政[M].丁煌,方兴,译.北京:中国人民大学出版社,2011.

必须把文化产业发展作为文化大省建设的重要突破口，努力使文化产业成为文化大省建设的重要支撑，成为浙江经济发展的重要增长点。

——习近平.干在实处 走在前列：推进浙江新发展的思考与实践[M].北京：中共中央党校出版社，2006：331.

第四章 深化文化体制改革 解放浙江文化生产力

◆◆ 本章要点

1. 改革开放以来，尤其是实施加快建设文化大省战略以来，浙江积极探索、稳妥推进文化体制改革，在全省新闻出版、广播影视、文化演艺领域，由点到面、分期分批全面推进文化体制改革，取得显著成果。

2. 浙江敏锐认识到文化产业对经济社会发展的巨大作用，发挥浙江人文优势和民营经济优势，解放和发展文化生产力，把文化产业作为培育核心价值、凝聚改革共识、促进经济转型升级的重要引擎，有力促进了浙江文化建设和经济社会发展。

3. 浙江文化产业形成新闻出版、广电动漫、文化旅游、网络新媒体等优势门类，形成具有鲜明时代特征、浙江特色的产业体系，其探索创新之路对我国文化产业发展具有借鉴意义。

改革创新是一个民族进步的灵魂，是一个国家兴旺发达的不竭动力，推进中国特色社会主义文化事业必须坚持和弘扬创新精神。2003年实施"八八战略"之初，习近平同志就提出"率先建立能够调动千百万人积极性的体制机制"的任务,指出"没有市场的文化肯定不是先进文化"。① 不断深化推进文化体制改革,打破既有僵化的体制机制束缚,大力发展文化产业,解放文化生产力,是推动浙江文化建设繁荣发展的强大动力。浙江准确把握文化发展的时代需求和机遇,积极推进文化体制机制改革创新,建立健全现代文化市场体系,有效培育文化市场主体,大力发展文化产业,为繁荣发展社会主义文化注入了来自市场的活力和生机。

第一节 浙江文化体制改革发展历程

改革开放以来,尤其是实施建设文化大省战略以来,浙江省积极探索、稳妥地推进文化体制改革,取得了一系列成功的经验。党的十六大以来,浙江省被列为推进文化体制改革综合试点,扩大改革范围,增加改革试点,拓展改革内容,在全省新闻出版、广播影视、文化演艺领域,由点到面、分期分批全面推进文化体制改革,取得显著成果。

一、浙江文化体制改革的开局部署

2000 年出台的《浙江省建设文化大省纲要》对浙江省文化体制改革方向、目标和办法进行了第一次比较完整的阐述。其中的一些内容,如"大力推进文化体制创新,建立科学合理、灵活高效的管理体制和文化产品生产经营机制。进一步转变政府职能,理顺关系,真正实行政企分开、企事分开、管办分离,充分发挥市场在资源配置中的基础性作用,促使各种文化资源和文化要素的合理流动。

---

① 习近平. 干在实处 走在前列:推进浙江新发展的思考与实践[M].北京:中共中央党校出版社,2006:332.

积极推进经营性文化事业单位的企业化改造"等,已经包含了后来全国文化体制改革的雏形。

2002 年 5 月,浙江省委省政府召开全省文化工作会议,进一步明确建设文化大省的战略意义,在全国率先提出了"文化经济"新命题,标志着浙江省对于文化经济发展与文化体制改革认识的进一步深化。会议出台的《关于深化文化体制改革　加快文化产业发展的若干意见》,提出加快文化产业集团化建设,提高文化产业竞争力;转企改制,深化国有文化单位改革,培育面向市场的经营主体;放开放活,大力发展民办文化产业,形成多种社会力量办文化的大格局等具体政策,从而为文化大省建设创造了更为宽松的政策环境等一系列文化体制改革举措,标志着浙江省文化体制改革思路已经基本成形。

二、浙江文化体制改革的加快推进

2003 年上半年,浙江和广东一起,被确定为全国文化体制改革综合试点省,进一步明确浙江在全国先行探索文化体制改革的意义。习近平同志高度重视文化的改革创新,鲜明提出要"以改革创新的精神冲破一切束缚文化发展的思想观念和体制机制,进一步解放和发展文化生产力"[①]。

2003 年 7 月 18 日,习近平同志在浙江省文化体制改革和文化大省建设座谈会上作长篇重要讲话,详细阐述浙江文化体制改革的指导思想、主要目标、基本原则和基本方针,对浙江省文化体制改革工作进行具体部署。在讲话中,他着重阐述了"文化体制改革的着力点就是围绕面向群众、面向市场进行体制和机制创新,逐步

---

① 习近平.干在实处　走在前列:推进浙江新发展的思考与实践[M].北京:中共中央党校出版社,2006:298.

建立有利于调动文化工作者积极性,推动文化创新,多出精品、多出人才的文化管理体制和运行机制"①,详细部署了抓好公益文化事业和发展、抓好经营性文化产业的改革、发展和培育文化市场主体,深化国有文化企业单位改革,发展民营文化企业等三项重点工作。在 2004 年全省宣传思想工作会议上,他进一步指出:"深化文化体制改革,是贯彻党的十六届三中全会《决定》以及省委十一届五次全会《决定》的重要内容,是完善社会主义市场经济体制的重要组成部分,也是加快建设文化大省的当务之急。"②

2003 年 8 月,《浙江省文化体制改革综合试点总体方案》得到中央批复同意后,浙江省文化体制改革领导小组迅速批复了省文化厅、省新闻出版局、省广播电视局、浙江日报报业集团、浙江出版联合集团、浙江广播电视集团 6 个省级试点部门和杭州、宁波两市的试点方案,浙江省的文化体制改革试点工作全面展开。2005 年浙江文化体制改革由省本级和杭州、宁波两市扩大到全省 11 个市,省级试点从 30 个单位扩大到 80 至 100 个重点单位。

在推进文化体制改革的过程中,浙江省委提出必须重点把握好六个方面的问题。第一,注重两种属性,即文化的意识形态属性与产业属性。既要防止过分强调文化的意识形态属性而完全排斥文化产业属性的倾向,又要防止无视文化产品的意识形态属性,主张完全市场化的倾向。要树立面向市场的理念,强化资源意识、商品意识、市场意识和效益意识,努力实现面向市场与面向群众的一致。要通过体制和机制的创新,改进文化产品的组织结构和生产

---

① 习近平.干在实处　走在前列:推进浙江新发展的思考与实践[M].北京:中共中央党校出版社,2006:326.

② 万斌.2007 年浙江发展报告:文化卷[M].杭州:杭州出版社,2007:69.

方式,努力打造经得起时间和市场检验,思想性、艺术性、观赏性俱佳,社会效益和经济效益并重的精品力作,努力实现占领市场与占领阵地的一致。第二,实现两个目的,即增强控制力与提高竞争力。文化体制改革既要从增强文化企事业单位的活力和竞争力、壮大宣传文化事业实力出发,面向市场创新体制机制,又要从增强党对文化领域的控制力出发,通过改革提高党对宣传文化工作的领导水平,牢固确立马克思主义在意识形态领域的指导地位,确保"四权""四不变",把增强控制力与提高竞争力有机统一起来。第三,区分两种类型,即公益性文化事业和经营性文化产业。坚持一手抓公益性文化事业,一手抓经营性文化产业,做到"两手抓、两加强"。公益性文化事业的改革,重点是增加投入、转换机制、增强活力、改善服务,培育形成一批文化事业主体。经营性文化产业的改革,重点是遵循市场运行规律,通过公司制、股份制改造,加快形成一批真正意义上的文化企业,塑造一批文化产业主体。第四,抓好两个层面,即宏观管理体制改革和微观运行机制改革。在宏观层面上,要探索建立新形势下党委领导有力、政府管理有效,调控适度、运行有序,管人、管事、管资产相结合的宏观管理体制。要转变政府职能,把管理重心放在社会管理和市场监管上,管导向、管原则,管规划、管布局,管市场、管秩序,管住方向,管活机制,管好质量,管出效益。在微观层面上,要着力于搞活内部机制,深化干部、人事、劳动、分配等内部制度的改革,建立舆论导向正确、经营活力充沛、竞争优势明显的微观运行机制。第五,运用两股力量,即国办文化和民办文化。深化国有文化单位改革,稳步推进集团化建设,形成一批有社会影响力和经济竞争力的文化企事业单位,充分发挥国办文化在文化市场中的主导作用。同时,要充分发挥浙江民营经济发达的优势,加强国有文化企业与民营企业的合作,在国家政策允许的范围内,进一步放开准入领域,制定扶持政策,大力发展民营文化企业,促进民营文化企业成为浙江文化产业发展的一个亮点。第六,健全两个体系,即政策法规体系和文化市场体系。完善改革的配套政策和文化事业、文化产业发展的经济政策,保障改革的顺利进行。加快文化法规建设,为文化发展提供必要的法律保障。同时,要健全文化市场体系,推进文化市场综合执法,改革文化市场监管的手段和方式,大力培育文化商品专业市场和文化产业要素市场,大力培育市场主体,发展中介组织,推动文化市场的繁荣。

2005 年 7 月,浙江省委第十一届八次全会通过《关于加快建设文化大省的决定》,在文化体制改革思路上进一步深化和完善 5 年前发布的《浙江省建设文化大省纲要》,标志着浙江文化体制改革思想的成形。《关于加快建设文化大省的决定》将文化体制改革作为"解放和发展文化生产力"这一建设目标的主要内容,提出"进一步深化文化体制改革,积极推进文化理念创新、内容创新、制度创新、科技创新,坚决冲破妨碍发展的思想观念,坚决改变束缚发展的做法和规定,坚决革除影响发展的体制弊端,尊重群众的首创精神,充分调动文化工作者积极性,营造文化发展的良好环境"。要通过文化体制改革,"加快文化事业发展,多出精品,多出人才,多出效益,满足人民群众日益增长的精神文化需求。加快文化产业发展,增强文化产业的整体实力和竞争力,促进文化产业成为新的经济增长点和支柱产业"。

三、浙江文化体制改革的深化拓展

2011 年,浙江根据新形势,在《中共浙江省委关于认真贯彻党的十七届六中全会精神大力推进文化强省建设的决定》中提出

"推进文化体制机制改革创新"的新任务，重点解决深化国有文化单位改革、推进文化管理体制改革和创新文化"走出去"模式三个方面的工作。

在深化国有文化单位改革方面，主要是加快推进全省经营性文化单位改革，着力建立现代企业制度，培育合格文化市场主体，打造一批有实力和竞争力的国有文化企业。组建电影、演艺等大型国有文化集团。拓展出版、发行、影视企业改革成果，加快公司制股份制改造，完善法人治理结构，形成符合现代企业制度要求的文化企业经营管理模式。按照区别对待、分类指导、循序渐进、逐步推开的要求，推进一般国有文艺院团、非时政类报刊社、新闻网站转企改制，推进党报发行体制和影视剧制播分离改革，深化广电有线网络"一省一网"整合发展。着眼于突出公益属性、强化服务功能、增强发展活力，全面推进文化事业单位劳动人事、收入分配和社会保障制度改革，明确服务规范，加强绩效评估考核，探索建立事业单位法人治理结构。进一步完善党报党刊、电台电视台管理和运行机制。推动一般时政类报刊社、保留事业体制的文艺院团实行企业化管理。

在推进文化管理体制改革方面，主要是加快推进政府职能转变，理顺政府与文化企事业单位关系，实现政企分开、政事分开、管办分离，履行好政策调节、市场监管、社会管理、公共服务职能。扩大文化市场综合执法改革成果，继续深化市、县文化广播电视新闻出版局运行机制改革，创新文化市场综合执法方式和监管模式。按照管人、管事、管资产、管导向相结合的要求，完善国有文化集团绩效考核等管理制度，切实加强国有文化资产管理。制定公共文化服务保障、文化产业振兴、文化市场管理等方面的政策措施，综合运用法律、行政、经济、科技等手段，提高文化建设科学化、法制化水平。

在创新文化"走出去"模式方面，主要是实施对外文化拓展计划，开展多渠道多形式多层次的对外文化交流，加大文化产品和服务出口力度，推动浙江文化走向世界。

2011年以来，浙江省委多次召开常委会、专题会议，研究部署文化改革发展的重点工作。浙江省文化改革领导小组分别召开会议，对全省广电网络"一省一网"、省属文艺院团改革专题协调会、非时政类报刊出版单位体制改革等进行部署，协调制定推进改革的方案和有关配套政策。

2012年党的十八大以来，浙江专门设立文化体制改革专项小组，设立省国有文化资产管理委员会，大力实施"健全国有文化资产管理体制""推动传统媒体和新兴媒体融合发展"等86个文化体制改革重点项目，先后出台《关于坚持先进文化前进方向，推动国有文化企业做强做优做大的意见》《进一步健全国有文化企业法人治理结构的实施意见》等政策文件。

2017年，省第十四次党代会报告《坚定不移沿着"八八战略"指引的路子走下去　高水平谱写实现"两个一百年"奋斗目标的浙江篇章》提出"在提升文化软实力上更进一步、更快一步，努力建设文化浙江"的目标，要求坚持改革不停顿、开放不止步，以"最多跑一次"改革撬动各方面各领域改革，狠抓改革落地，以开放促改革促发展，最大限度释放改革开放红利。具体到文化体制改革领域，浙江把深化文化体制改革作为万亿级文化产业打造的"牛鼻子"，加强对文化体制改革的组织领导，带动文化领域重大改革向纵深推进，进一步健全管人管事管资产管导向相统一的国有文化资产管理体制，加快重点国有文化企业公司制股份制改造，完善出版、发行、影视、新闻网站等文化企业法人治理结构,鼓励引导各类社会资本进入文化产业领域,构建有文化特色的现代企业制度。

2018 年底,文旅融合部省共建、省市(县、区)共建机制、文旅融合改革试验区纵深推进,全省各市、县(市、区)均完成文化和旅游行政部门新机构的组建,"诗画浙江全域旅游信息服务系统"纳入首批省政府数字化转型重大项目。2018 年,中央文化体制改革办公室对各省(区、市)推进文化体制改革和发展工作的有关情况进行督察,将各地组织机构建立、改革任务落实、考核评价运用等情况作为考核指标,予以综合排序,下发《关于对十八大以来各省(区、市)文化体制改革工作有关情况进行通报的通知》,浙江省在中央文化体制改革办公室组织的督察考核中综合得分名列全国第一,成为文化体制改革的"样本省"。①

2019 年,浙江 12 个重点改革项目加速实施;文化领域"最多跑一次"基本实现;全国文化与金融合作示范区争相创建;省属文化集团、文艺院团体制改革、出版体制改革不断深化。

第二节　浙江文化体制改革实践举措

深化文化体制改革的关键,在于通过务实举措将改革理念、思路和部署落到实处,真正发挥其推动社会主义文化建设的动力作用。浙江取得文化体制改革成果的主要原因,在于起步早、理念新、思路清、举措实。

---

① 吴蓓,宋雪玲.2019 年浙江文化发展总报[M].//2020 年浙江发展报告:文化卷.杭州:浙江人民出版社,2020:3.

一、明确改革总体原则

习近平同志在浙江工作期间,把推进文化体制改革作为加快文化大省建设的一项重大任务加以谋划推进。他指出,"文化体制改革是为了更好地发展文化,绝不能简单地理解为政府'卸包袱'和经济上'断奶'。总的原则是,政府要继续加大投入力度,但要调整结构和方式",从而确立了浙江文化体制改革总的目标要求。区分文化事业和文化产业,是深化文化体制改革的明确界限。他强调:"公益性文化事业的改革,要以增加投入、转换机制、改善服务为重点,使其不断增强活力。""经营性文化产业改革,要借鉴经济体制改革的成功经验,加快培育文化市场主体和文化市场体系。""要从浙江实际出发,把扶持重点产业、重点企业、重点区域的文化产业发展作为改革的重要抓手。"他十分注重文化独特的意识形态属性,强调"文化管理体制改革,必须充分考虑我国国情,着眼于管住方向,管活机制,管出效益,管好质量"。习近平同志的这些重要论述,指明了文化改革"改什么、怎么改",为浙江深化文化体制改革提供了科学思想方法,许多改革举措走在了全国前列,为全国创造了有益经验。①

二、改革文化管理体制

2006 年 4 月,浙江出台《浙江省文化体制改革综合试点工作情况汇报》,与《中共中央、国务院关于深化文化体制改革的若干意见》衔接,形成"党委领导、政府管理、行业自律、企事业单位依法运营"的宏观管理体制目标,实行文化领域宏观管理,推进政事分开、

---

① 来颖杰,胡坚,王四清.从加快建设文化大省到建设社会主义文化强国[N].浙江日报,2018-07-23(5).

管办分离,加快转变政府职能。

文化领域宏观管理的重点工作是"加强规划引导、政策保障、资产管理"。按照"规划引导"的思路,浙江省制定了以文化产业发展为主的《浙江省文化建设"四个一批"规划》,首次以规划的形式为建设一批重点文化设施、发展一批重点文化产业、培育一批重点产业区块、壮大一批重点文化企业这"四个一批"提出发展思路,作出布局规划;编制文化产业项目投资指南;按照"政策保障"思路,为了落实中央有关文化体制改革政策,颁布一系列支持文化体制改革和文化发展的政策,提供体制改革的政策保障。

推进政事分开、管办分离的工作重点是实行政事、政企分开,管办分离,由办文化向管文化、管微观向管宏观转变。浙江省广电局是在全国广电系统未管办分开、绝大多数省市也未管办分开的格局下,开始了管办分开、机构分设的探索。浙江省广电局党组提出了行政管理"进足退够"的指导思想和"抓管理,促发展"的工作方针,该管的坚决管起来、管到位,不断探索新的管理方式;不该管的坚决退出退到底,努力做到不错位、不越位、不缺位,着眼于加快全省广播影视业的协调、可持续发展,全面、公正地履行广播影视行政管理工作。2004年10月以后,浙江省广电局根据中办发〔2004〕24号文件精神,稳妥推进市、县文化市场综合执法和广电局台分设、文化广电新闻出版三局合一的体制改革试点工作,逐步理顺了新体制下省广电局与市县局、台的工作关系,初步建立管与办、管与管等方面新的工作机制和方式。

在加快转变政府职能方面,重点是以文化市场综合执法为契机,实现"建、并、分"。浙江省在2004年10月中下旬就制定出台了《关于建立文化市场综合执法机构的实施意见》,提出了"建、并、分"三方面工作,要求全省所有市县,包括中央未作要求的杭州和宁波两个副省级城市,都调整归并为"文化、广电、新闻出版等新政管理机构";要求全省所有市县都建立起集中统一的文化市场综合执法机构;并要求全省所有市县广播电台、电视台,都要按照政事分开、管办分离的原则,从广电局等新政机构中分离出来。

三、培育文化市场主体

自实施建设文化大省战略尤其是被确定为文化体制改革试点省以来,浙江省按照"转出一批主体""改出一批主体""放出一批主体""扶持一批主体"总体思路,积极打造和培育新型市场主体。着力于转出一批主体,国有文化事业单位通过深化内部干部、人事和分配制度改革,转换机制,增强活力,形成适应发展要求的企业化管理模式;着力于改出一批主体,通过明晰产权,改制改造,对一部分国有文化单位实行"事改企",有条件的改制为规范的现代企业;着力于放出一批主体,在政策允许的范围内,通过完善产业政策,优化服务环境,让民间资本进入文化领域,形成一批民营文化企业;着力于扶持一批主体,扶持龙头文化产业集团和重点文化公益单位。在上述"四个一批"主体中,既有公益性文化事业单位,也有营利性文化产业机构①。

2006 年 4 月出台《浙江省文化体制改革综合试点工作情况汇报》,进一步明确针对不同类型市场主体实施"转企改制""新闻媒体宣传业务和经营业务两分开两加强""深化文艺院团改革""打造国有文化集团",以及"引导民营文化产业"等五项内容。

---

① 万斌.2007 年浙江发展报告 文化卷[M].杭州:杭州出版社,2007:74.

四、推进国有文化单位改革

在国有文化单位改革方面,浙江省公益性文化事业单位以"增加投入、转换机制、增强活力、改善服务"为目标,重点深化内部管理体制和运行机制的改革,在用人、分配、激励等方面进行了一系列改革。全面实行全员聘任制、干部聘任制,拓宽发展渠道,提高服务水平,更广泛有效地为公众服务。浙江省经营性文化产业机构以"创新体制、转换机制、面向市场、增强活力"为基本方向,按照分类分步和"单位性质要转变、劳动关系要转换、产权结构要转型"的要求,一批经营性国有文化试点单位已经实现转企改制。

在组建国有文化集团方面,浙江广电集团是较早实行集团化改制的成功单位之一。根据"统筹规划、独立编排、各具特色、资源共享"的原则,集团对所属频道资源实行全面重组,形成了以浙江卫视和广播新闻综合两个主频道为龙头、广电 13 个专业频道为两翼,既有整体统一形象又具合理分工的多功能、立体型、系列化的新型广电频道体系。构建"两级管理、分频道经营"的运营体系,将宏观管理功能集中到集团层面,对所有频道实行总监负责制。在内容上,频道拥有节目选题权、节目微调权、节目购置权、节日评估权、大型活动组织权等;在经营上,拥有广告(活动)价格制定权、广告播出安排权等;在人事上,拥有聘用人员选择权、临时用工决定权、人员内部调配权等;在分配上,拥有奖金二次分配权、创优嘉奖权等。集团根据频道常态的运营状况和要求增长的幅度,对频道实行"核定收支、超支不补、节余留用"的经济目标管理,对频道实行全成本核算。集团每年对频道下达宣传创优和经济创收两项指标,按月统计,年度考核。年度以宣传创优、经济创收、队伍建设三项进行综合考核。

浙江积极探索新闻宣传业务和经营业务"两分开",确定广播电视等9家单位作为"两分开"试点,将经营业务剥离出来组建相对独立的经营公司,同时吸收社会资本进入公司。比如,浙江报业集团将属于产业经营的发行、广告、印刷、技术服务、投资、物业等经营实体和经营业务分离出来,按照现代企业制度组建对国有资产负责、国有独资的浙江日报报业集团有限公司,主要负责报业集团的资产管理、产业经营、资本运作,主要经营报刊出版发行、广告经营、印刷加工、物业管理、会展咨询、投资等业务,确保集团资产保值增值,促进集团产业做大做强。按照现代企业制度要求,真正面向市场,实行企业化运作。集团公司组建后,实行"大集团、小核算",着力塑造面向市场的微观主体,激发微观动力和活力,优化配置内部资源。各经营实体积极进行企业化改造和劳动用工制度改革。《钱江晚报》和《今日早报》经营业务与宣传业务相对独立,分别组建了钱江晚报有限公司和今日早报有限公司。各报刊实行企业财务一本账,逐步由过去的"编报纸"向"经营报纸"转变。

五、引导民间投资,培育民营文化企业主体

在积极推进国有文化单位改革的同时,浙江省积极完善产业政策,优化服务环境,发动民间资本进入文化领域,初步形成了多种社会力量办文化的格局,有效地引导民营文化企业主体的培育和发展。以民营企业为经济活动的主体是浙江发展的优势和特色,改革开放以来,浙江积聚了雄厚的民间资本,民营文化产业发展也相当迅速。浙江广厦文化传媒集团、横店集团、宋城集团等一批龙头民营文化企业在影视、印刷、演艺、旅游、休闲、文化传播、教育等不同领域作出了各自的成绩,形成了不同的特色。而借助于民营文化产业的增量动力,将改革目标直指体制内存量资源,转变政府职能,打造市场主体,壮大国有文化经济的控制力,则是浙江文化体制改革的一个突出特点。

按照习近平同志在 2003 年 7 月关于文化体制改革和文化大省建设座谈会上的讲话精神,即"发展民营文化企业,是浙江文化发展的必由之路,也是浙江文化改革与发展的特色与优势所在,有利于形成与我省多种所有制经济发展格局相适应的文化发展格局。我们必须像支持民营经济那样,进一步放开放活,突破文化产业发展的体制瓶颈,打开文化产业发展的闸门,抢占文化产业发展的先机,大力发展民营文化企业。"①在文化体制改革试点过程中,浙江始终注重利用民营资本这个现实优势,提出"一个亮点、两个坚持、三项任务"的工作思路,即把发展民营文化产业作为浙江文化体制改革试点工作的亮点,把坚持正确的政治方向、坚持积极的改革取向作为重要指导思想,把培育一批重点民营文化企业、鼓励参与国有文化单位改革、优化民营文化产业发展环境作为三项主要任务。鼓励民营资本进入经营性文化产业,积极引导和鼓励民营文化企业参与国有文化单位改革和发展,扶持重点产业基地,发展特色产业。

同时,在文化体制改革试点中,浙江省始终注重民营经济参与国有文化单位改革和发展,有利于国有文化集团做大做强,而不是简单地"国退民进"。

---

① 习近平.干在实处 走在前列:推进浙江新发展的思考与实践[M].北京:中共中央党校出版社,2006:327.

第三节　浙江文化产业发展历程

习近平同志敏锐地认识到,当代文化竞争在很大程度上取决于文化产业的繁荣,文化生产力是打造文化软实力的重要领域和途径,"必须把文化产业发展作为文化大省建设的重要突破口,努力使文化产业成为文化大省建设的重要支撑,成为浙江经济发展的重要增长点",提出"通过几年努力,使我省文化产业发展水平有明显提升,成为全国文化产品的重要制造基地"的建设目标,明确了浙江发展文化产业的着力点。浙江充分利用文化资源、市场机制、经济发展等优势,始终坚持文化与经济等各领域的融合发展,大力推进文化经济化和经济文化化,把文化的力量融入经济发展之中,在经济发展中推进文化发展,促使文化产业快速成长为支柱性产业。

一、提升文化产业实力成为文化大省建设的重要内容

建设文化大省是浙江面向新世纪,全面推进社会主义现代化建设的一项宏大系统工程,而大力发展文化产业,则是浙江文化大省建设的重要内容。2000年制定的《浙江省建设文化大省纲要》明确提出:"文化产业是国民经济的有机组成部分,文化产品具有商品属性,必须在坚持社会效益的前提下,十分重视文化产品的经济效益,努力实现两者的最佳结合。"

《浙江省建设文化大省纲要》把浙江建设成为全民素质优良、社会文明进步、科技教育发达、文化发展主要指标全国领先、文化事业整体水平和文化产业发展实力走在全国前列的文化大省的目标,明确地把提升文化产业实力作为文化大省建设的重要内容。

2001年出台的《浙江省人民政府关于建设文化大省若干文化经济政策的意见》和2002年全省文化工作会议制定的《关于深化文化体制改革加快文化产业发展的若干意见》是对这一目标的具体落实，同时也使这一战略目标进行了丰满化、具体化。

《浙江省建设文化大省纲要》提出了"以发展科技教育为基础，以发展文化产业为突破口，做到整体推进和重点突破相结合，全面繁荣社会主义文化"的基本原则，把"加快形成与现代化进程相适应的文化产业发展格局"作为文化产业发展的重要任务，要求积极调整文化产业结构，加快形成以音像出版、电子光盘、工艺美术、旅游观光、体育健身为重点的新兴文化产业群。加大文化科技创新力度，大力引进先进的技术装备、管理经验和人才智力资源，提升全省文化产业的科技含量和文化产品档次，增强文化主导产业在全国的竞争优势。推进制度创新、管理创新和技术创新，实现由产业扩张向产业升级转变，促进资源优势转变为产业经济优势。

二、以"八八战略"为指引加快建设现代文化产业体系

在"八八战略"的整体思路中，包含了文化与经济、社会发展的有机整体观念，把文化建设作为与经济、社会、生态文明和法治建设相互联系、互为支持的有机组成部分，是党的十八届三中全会关于中国特色社会主义事业经济建设、政治建设、文化建设、社会建设、生态文明建设五位一体总体布局出台之前的重要理论探索和先行先试的实践经验基础。"八八战略"的提出，把浙江文化发展战略升级为进一步发挥浙江优势、打造文化产业的浙江特色，使浙江立足经济发展和人文资源两大优势，进一步深化了浙江文化产业观念，描画出浙江文化产业特色发展的重要路径。习近平同志指出:"发展文化产业,首先是文化本身发展的必然要求,当代文化竞争在很大程度上取决于文化产业的竞争,软实力、文化力必然要通过文化产业的竞争力来加以体现。同时,这也具有促进经济结构调整和增长方式转变的意义。"[①]浙江有丰富的文化积淀和人文资源,是浙江文化建设的不竭"原料矿藏",更重要的是在浙江人的血液中,始终流淌着文化基因,传承着与时俱进的浙江精神,构成了浙江特有的人文优势。深厚的文化底蕴,为文化产业的发展提供了丰富的资源优势。

浙江影视产业的快速崛起,在很大程度上就是充分挖掘浙江丰富而特色鲜明的文化资源,实现文化资源向文化资本转化的成功范例。由浙江广播电视集团、浙江影视集团、温州广播电视传媒集团、中央电视台等联手打造的电视连续剧《温州一家人》,通过温州一户普通人家的草根创业史,贯穿起改革开放 30 年的壮阔历程,浓缩了温州人创业奋斗的历程,反映 30 年间的时代变迁。

丰厚的文化资源不仅为浙江文化产业的发展提供了主题和题材,而且为浙江文化产业的振兴提供了重要的精神动力。东阳木雕产业和横店影视产业,作为浙江文化产业快速发展的两大重要现象,正是浙江人充分开掘东阳传统木工工艺创文化和敢于"走天下"的开拓精神的结果。"带着本子来,拿着片子走"的经营模式探索,横店影视精益求精的道具制作和置景工艺,都离不开东阳作为"木雕之乡""状元之乡"的传统文化资源,是东阳人千百年"勤耕苦读"、制作细节上追求完美的文化精神在当代文化产业中的体现。

---

① 习近平.干在实处　走在前列:推进浙江新发展的思考与实践[M].北京:中共中央党校出版社,2006:331.

三、文化产业成为文化强省建设的重要推进力量

2011 年 11 月,《中共浙江省委关于认真贯彻党的十七届六中全会精神大力推进文化强省建设的决定》对浙江文化产业发展战略作出新的调整和战略升级,明确了浙江文化产业在建设文化强省中的地位,要求切实解决浙江文化产业规模较小、结构不合理、实力和竞争力有待提升等问题。在继续深入推进文化产业发展体系建设和文化产业促进工程的同时,重点实施网络文化和现代媒体建设计划、文化产业倍增计划,提出到 2015 年,浙江的文化产业增加值力争比 2010 年翻一番从而占到全省 GDP 比重 7% 的目标,并根据这一要求对浙江文化产业进行了优化文化产业布局,重点在实施文化产业发展"122 工程",打造一批特色文化产业,提升文化产业层次,加强现代文化市场建设,提高文化产业规模化、集约化、专业化水平,积极培育全国一流的文化产业中心。

文化产业发展"122 工程"主要包括"百强振兴计划",即在全省范围内,遴选并重点培育 100 家以上文化企业,扶持这些文化企业做强做优,使其成为引领浙江文化产业发展的"领头雁";"重点园区拓展计划",即遴选和培育 20 个以上重点文化产业园区,促进这些园区拓展空间,做大做强;"上市助推计划",即通过三年时间的培育扶持,促成 20 家左右成长性好、发展潜力大的文化企业上市或进入上市辅导期。

2016 年,《浙江省文化产业发展"十三五"规划》正式发布。在总体布局上,"十三五"期间将构筑"一核三极三板块"的全省文化产业发展格局,推进形成以杭州为中枢的全省文化产业核心,宁波市、温州市、金华市为节点的区域文化产业增长极,以及浙中北文化内容生产与创意设计板块、浙东沿海沿湾文化产品智造板块、浙

西南历史经典与文化旅游板块,引导特色优势产业集聚,带动湖州、嘉兴、绍兴、衢州、舟山、台州、丽水等城市协同发展。到 2020 年,全省文化产业增加值占生产总值的比重达到 8% 以上,文化产业总产出达 1.6 万亿元。为解决市场主体规模偏小、全省"三上"文化企业低于全国平均水平,产品结构相对低端,文化产品创意和特色不足等问题,"十三五"时期将重点发展广播影视、新闻出版、动漫游戏、文化创意与设计服务、文化休闲娱乐、文化产品及装备制造以及文化产品流通等七个领域。重点依托产业集群,鼓励文化装备制造向现代舞台装备、新型影院系统、数字多媒体娱乐设备、多功能集成化音响、游戏游艺设备等领域转型,加快培育一批高端文化设备制造基地。传承发展历史经典产业成为重要领域,要求振兴青瓷、宝剑、木雕、根雕、石刻、文房等历史经典产业,加强非物质文化遗产保护与生产技术的研发,鼓励文化文物单位加强文化创意产品开发。明确提出将聚焦文化产业重点领域,培育 30 个左右文化积淀深厚、文化特色鲜明、产业带动能力较强的文化小镇,建设 20 个文化产业重点县(市、区)、40 个重点文化产业园区以及 50 个重点文化创意街区。积极创建国家级文化金融合作试验区。

《浙江省文化产业发展"十三五"规划》盘点已有建设基础,结合文化产业发展趋势和新的增长空间,为浙江 2016—2020 年间的文化产业发展规划了新的方向和路径。

四、加快打造万亿级文化产业,助推"文化浙江"建设

2017 年,中共浙江省第十四次党代会报告提出将文化产业打造成为万亿级产业的目标,要求建设文化产业集聚发展平台,推动文化与相关产业深度融合、跨界发展,加快发展壮大文化产业。2013 年和 2017 年,省委、省政府两次组织召开全省文化产业发展

大会,就推动文化产业大发展大繁荣进行总体部署,将文化产业列入重点发展的"八大万亿产业"。制定实施《关于推进文化浙江建设的意见》,将"万亿级文化产业推进工程"列入推进文化浙江建设的"十大工程"之中,并从"全面深化文化体制改革""做大做强文化市场主体""大力发展新兴文化业态""打造文化产业发展支撑平台"等方面做出具体部署。相继出台《关于加快将文化产业打造成为万亿级产业的意见》《浙江省文化产业人才发展规划(2017—2022年)》《关于进一步深化文化市场综合执法改革的实施意见》等一系列政策文件,强化文化产业发展支撑。

为进一步打开文化优势向发展优势转化的通道,浙江积极实施文化产业发展"八大计划",加快打造一批文化产业大项目、大平台,为增强浙江文化软实力提供"硬支撑"。设立横店影视文化产业集聚区,组建浙江省文化产业投资集团。积极培育新型文化业态,推动文化与互联网、科技、金融的深度融合。调整省文化产业发展专项资金使用管理办法,采用竞争性分配方式,重点支持20个文化产业发展基础较好、潜力较大的县(市、区),形成引领和示范效应。在建设工作平台、完善市场主体、支持文化企业发展等方面,加大政策支持力度,先后印发《关于公布文化产业重点县(市、区)和重点文化企业(2016—2017年度)名单的通知》《关于认定凤凰御元艺术基地等20个园区为浙江省重点文化产业园区(2015—2016年度)的通知》《关于公布第二批浙江省成长型文化企业名单的通知》,着重发挥文化产业重点单位典型示范带动作用,助推文化产业快速发展。推进文化创意街区创建试点工作,发布《浙江省文化创意街区创建规范》,公布2017年度浙江省文化创意街区名单。全省涌现出78个文化创意街区创建单位,共改造(建)原文化设施、工业遗址、老旧厂房等260余处,入驻国家级及省非物质文化遗产115种,集聚文化企业7044家,吸纳文化产业从业人数11.9万余人,累计投入建设资金近200亿元。

2018年6月26日,浙江发布《之江文化产业带建设规划》,提出按照"五年基本建成,八年提升能级、远景繁荣可持续"的建设要求,优化文化产业布局、全面提升产业能级,把之江文化产业带打造成为浙江省文化产业发展的主引擎地带,全国文化产业发展的重要增长带,树立文化产业强势崛起和文化驱动产业转型的国际典范。《之江文化产业带建设规划》是对打造万亿级文化产业战略的具体部署,以文化产业快速发展、特色鲜明的杭州市所属上城、江干、西湖、滨江、萧山、富阳等6个沿钱塘江分布的主城区为核心,建设之江文化产业带,集成数字文化产业基地、影视产业基地、艺术创作产业基地和动漫游戏产业基地等产业功能,形成浙江文化产业发展的重要增长带和参与省际乃至国际文化产业竞争的重大平台。这一区域自然人文要素荟萃,文化产业集群汇聚,基础雄厚,优势明显。近期将重点实施32个重大文化产业项目,计划总投资逾1000亿元,包括网易杭州研发中心三期、华数数字电视产业园、中国(浙江)影视产业国际合作实验区杭州总部、浙江国际影视中心等多个项目。到2022年,之江文化产业带的文化产业年度增加值力争达到约800亿元,到2035年,可望成为浙江文化产业发展的核心区域和国内外知名的文化产业集聚地。

第四节　浙江文化产业发展的主要特点和成效

浙江省高度重视文化产业发展,坚持把发展文化产业作为践行"八八战略"的重要内容、推动文化繁荣发展的重要举措、产业转型升级的重要路径,文化产业发展的理念思路不断深化、政策体系越来越完善、产业环境不断优化,持续保持良好的发展态势。2018年度浙江省文化发展指数(CDI)评价报告显示,以2017年浙江省文化发展指数为基准值100计算,2018年全省文化发展指数为109.54,比2017年增长9.54%,呈现持续发展的良好势头,成为充实丰富浙江文化软实力的生力军、带动浙江经济社会发展的重要引擎。

一、总量规模显著提升

2010年、2014年和2016年,浙江文化产业增加值分别突破1000亿元、2000亿元和3000亿元大关。2017年为3745亿元,是2002年的17.4倍。文化产业增加值占全省GDP的比重稳步上升,2017年为7.2%,比2002年提高4.3个百分点,自2013年以来占比均超过5%,已成为浙江支柱产业之一。2018年,全省5705家规模以上文化及相关特色产业企业营业收入10091亿元,比上年增长12.3%。文化服务业营业收入5696亿元,占规模以上文化及相关特色产业营业收入的56.4%,比上年增长17.0%,拉动规模以上文化及相关特色产业营业收入增长9.2个百分点。文化制造业、文化批发零售业和文化建筑业营业收入分别为3077亿元、1301亿元和17亿元,分别增长6.4%、7.4%和52.9%,合计拉动规模以上文化及相关特色产业营业收入增长3.1个百分点。内容创作生产服务业营业收入2083亿元,增长15.1%,拉动规模以上文化及相关特色产业企业营业收入增长3.0个百分点。文化类土木建筑、创意设计服务、文化商务及专业技术服务、文化传播渠道、文化辅助生产和中介服务5个行业均保持两位数增长,分别增长52.9%、16.6%、15.0%、1.5%和10.5%,合计拉动规模以上文化及相关特色产业企业增长 4.1 个百分点。[①] 中国省市文化产业发展指数,浙江综合指数列全国第四。

浙江主动搭建平台,加强境内外交流合作。第十四届中国国际动漫节共吸引 85 个国家和地区的 143.35 万人次参与,实际成交及达成签约交易、意向合作项目 1291 项,涉及金额 138.35 亿元;第十三届义乌文化产品交易博览会吸引 10.43 万人次的境内外采购商及观众,实现洽谈交易额 53.21 亿元;第十一届杭州文化创意产业博览会达成签约项目 168 项,现场成交金额达 38.6 亿元;2018 年中国(宁波)特色文化产业博览会现场成交 5.47 亿元,意向成交金额 14.5 亿元;2018 年温州国际时尚文化创意产业博览会成交额 3.87 亿元,投融资签约额 18.6 亿元。

浙江日报报业集团、浙江广电集团、浙江出版联合集团等国有文化企业在全国同行业发展中处于前列,影视动漫、新闻出版、数字阅读、文化用品制造、文化旅游等一批特色鲜明的优势文化产业发展迅速。入选全国"文化企业 30 强"数量名列前茅,全省上市文化企业达 39 家,100 余家文化企业成功登陆"新三板",形成国有文化企业和民营文化企业齐头并进的产业发展格局。

二、优势产业加快发展

新闻出版、影视动漫、文化旅游等产业是浙江具有全国优势地位的文化产业领域,基础扎实、特色鲜明,发展态势一直走在全国前列。

2018 年,新闻信息服务业营业收入 2375 亿元,比上年增长 17.8%,拉动规模以上文化及相关特色产业企业营业收入增长 4.0

---

① 吴蓓,宋雪玲.2019 年浙江文化发展总报[M].//2020 年浙江发展报告:文化卷.杭州:浙江人民出版社,2020:3.

个百分点。全省出版报纸 66 种,总印数 21.1 亿份,分别是 1979
年的 16.5 和 236.5 倍;出版杂志 7366 万册,是 1952 年的 102.7
倍。图书出版社由新中国成立初期的 1 家浙江人民出版社发展成
目前的 15 家图书出版社、7 家音像电子出版社。出版图书 15231
种,总印数 4.2 亿册,分别是 1952 年的 76.5 和 84.6 倍。

2018 年,浙江文化和旅游产业发展势头迅猛,成绩斐然,着重
体现在产业规模实现新跨越、项目建设取得新突破、文旅融合迈上
新台阶、体制机制取得新成果、文旅消费成为新动能、市场推广取
得新成效。文化、旅游产业双双跨入"万亿级"产业行列,各项指标
均走在全国前列;富民强省十大行动计划、"大花园"建设扎实推
进,长兴龙之梦、海盐山水六旗等省级重大项目喜讯频传;全域旅
游、乡村旅游、研学旅游、红色旅游和"旅游+"新兴业态培育不断
突破;全面探索文创试点新机制,历史经典产业与特色小镇、文创
产品开发等融合发展路子进一步拓宽;扩大城乡居民文化消费,动
漫、游戏、数字音乐、网络等重点支持产业蓬勃发展;围绕"一带一
路",跨国宣传、跨省推介等活动助力"诗画浙江"省域大花园品牌
知名度和影响力全面提升。

影视产业一直是浙江具有优势、重点发展的产业门类。浙江
省先后出台《浙江省人民政府办公厅关于加快促进影视产业繁荣
发展的若干意见》等政策性文件,打造"中国影视产业中心",影视
产业规模和质量在全国名列前茅,成为浙江文化产业发展的重要
增长点。影视企业数量增长迅速,呈现高度集聚态势。2007 年全
省影视企业 381 家,2012 年达到 716 家,五年年均增长率为
13.24%。2012—2017 年,由 716 家增长到 2690 家,平均年增长率
达到 30.3%。位于金华市东阳的横店影视产业实验区是首个国家

级影视产业实验区。自 2004 年设立以来,在影视业改革发展中起到模范作用。2012 年、2018 年,浙江两次专门出台支持文件。影视核心产业链上的市场主体积极进驻横店,已建成 28 个大型实景基地和 100 余座专业摄影棚,是全球规模最大、国内配套服务最为完善和产业链最为完整的龙头影视基地。全国每年大约有70％的剧组来横店拍戏,1/4 的电影、1/3 的电视剧出自横店。累计接待剧组 2500 多个、拍摄影视剧 6 万余部(集)、接待游客超过 1.6 亿人次。2018 年,横店影视产业合作区影视出口增长迅速,欢娱影视、华谊兄弟、正午阳光、千乘影视、唐德影视等企业共出口创汇6000 多万美元,占全地国影视出口的半壁江山。其中《延禧攻略》版权被 90 多个国家和地区买下,列我国出口海外电视剧之首。浙江海宁影视国际合作区与哈萨克斯坦、吉尔吉斯斯坦等中亚五国签订电视连续剧《神医喜来乐》《全家福》电视版权出口及落地播出项目,收视稳居前列。浙江影视文化产业高质量发展,对于提升文化软实力,加快文化浙江建设,促进全省经济转型升级和新旧动能转换具有重要意义。①

三、新兴业态层出不穷

数字经济时代,文化产业如何与数字技术深度融合,实现高质量发展,是时代带给文化产业发展的新使命。数字文化创意产业是现代信息技术与文化创意产业融合产生的新型文化经济形态,以计算机图形学等现代数字技术为主要技术工具,强调团队或个人通过技术、创意和产业化的方式进行数字内容开发、视觉设计、策划和创意服务等。随着互联网和数字技术的广泛普及,动漫游

---

① 查志强.推动浙江影视文化产业高质量发展[M].//2020 年浙江发展报告　文化卷.杭州:浙江人民出版社,2020:64.

戏、网络文学、网络音乐、网络视频等数字创意产业迅速发展,成为大众文化消费的重要模式。

早在2003年,浙江省就提出加快建设"数字浙江",一直持续推进。2017年,浙江省委省政府提出加快把文化产业打造成万亿产业,也明确提出将浙江打造成数字文化产业新高地,着力发展数字出版、数字影视、数字动漫等新业态,出台系列文件保障。2018年7月,浙江开始全面实施数字经济"一号工程",争创国家数字经济示范省。浙江省经济和信息化厅印发《浙江省加快数字创意产业发展的指导意见》,提出到2022年,全省数字创意产业总体规模超5000亿元。

浙江发展数字文化创意产业拥有先天优势条件,世界互联网大会永久落户乌镇,全国首个国家信息经济示范区落地浙江,阿里巴巴、网易等互联网领军企业具有总部效应,浙报传媒、咪咕数媒等获批国家级文化与科技融合示范基地,涌现出浙数文化、咪咕数媒、时光坐标、大丰实业等一批数字文化创新企业,中国网络作家村、国家音乐产业基地等落户浙江。大数据、云计算、物联网、人工智能等新一代信息通信技术的快速发展,新技术与数字创意的深度结合,引领产业快速发展。2018年,浙江省战略性新兴产业将数字经济产业纳入统计范围。因统计口径小的缘故,2018年浙江省数字创意产业增加值11.98亿元,同比增长15.2%;销售产值74.55亿元,同比增长8.2%;出口交货值50.95亿元,同比增长30%。浙江移动支付总额及人均支付金额均居全国第2,网络零售额约占全国的1/5,活跃电商主体约占全国的1/4,淘宝村数量约占全国的1/3,成为名副其实的互联网产业大省、数字经济发展高地。杭州市的数字内容产业发展态势良好,全年实现增加值2098

亿元,同比增长 15.8%,约占全部文创产业的 63%,占全市 GDP
比重达 15.5%,成为全市文创产业乃至全市经济发展重要的新增
长点。

数字文化产业发展前景广阔。在数字驱动下,浙江文化产业
的竞争已逐渐从拼园区、拼项目、拼政策向拼业态、拼创新、拼融合
转变。浙江数字阅读、数字出版、数字影视、互联网娱乐、动漫游戏
等数字文化产业新业态方兴未艾,之江数字文化产业园、国家数字
出版基地、国家音乐产业示范基地等重大数字文化产业平台得以
部署建设。杭州、宁波和横店创建国家文化与科技融合示范基地,
梦想小镇、云栖小镇等成为数字文化产业发展新载体。之江文化
产业带将成为浙江抢占全球数字文化产业发展制高点的重大平
台,成为浙江万亿级文化产业的新引擎。[1]

四、集约化、专业化水平快速提升

以区块和园区方式发展文化产业,是浙江的一大特色。实施
加快建设文化大省战略以来,全省不少地区在文化产业区块发展
的基础上建立文化产业园区。文化产业园区"是政府集中统一规
划布局、培育扶持、统一管理的文化产业发展区域,是从区块的初
级形态发展而来的区块的高级形态、升级版本。经过合理规划布
局,形成特色文化产业内部分工和合理结构,实现园区功能的优
化,产生最大的资源优化配置效益"[2]。2011 年,浙江实施的文化
产业发展"122 工程"中要求着力培育 20 个重点文化产业园区(基

---

① 浙江发展改革委员会.浙江数字创意产业发展问题与对策分析[EB/OL].(2019-
11-19)[2019-12-19].https://www.ndrc.gov.cn/fggz/cxhgjsfz/dfjz/201911/t20191119_
1203921.html.

② 陈立旭.浙江文化产业区块和园区发展历程[M].//2020 年浙江发展报告:文化
卷.杭州:浙江人民出版社,2020:26.

地),目的就是提高文化产业规模化、集约化、专业化水平,浙江各地文化产业园区建设得以加快推进。

2015年,省委宣传部、省文改办、省文化厅、省新闻出版广电局联合印发《浙江省重点文化产业园区认定和管理办法》,对省内重点文化产业园区的申报条件、认定程序和考核办法进行规范。至年底,全省建成150多个各类文化产业园区,形成影视动漫、文化创意、工艺美术品生产、文化产品制造等一批具有较强影响力的特色文化产业集群。2017年初,凤凰御元艺术基地、运河天地文化创意产业园、杭州数字娱乐产业园、之江文化创意园、中国(浙江)影视产业国际合作实验区海宁基地等被认定为首批20家重点文化产业园区。

2015年初,浙江省政府工作报告提出加快规划一批特色小镇,要求聚焦信息经济、环保、健康、旅游、时尚、金融、高端装备制造文化产业等支撑浙江省未来发展的七大产业,兼顾茶叶、丝绸、黄酒、中药、青瓷、木雕、根雕、石雕、文房等历史经典产业,坚持产业、文化、旅游"三位一体"和生产、生活、生态融合发展,作为打造包括文化产业在内的"八大万亿产业"的重要载体。2015年出台的《浙江省人民政府办公厅关于进一步推动我省文化产业加快发展的实施意见》强调,要把打造文化小镇作为促进县域文化产业发展的重要载体和抓手。2016年发布的《浙江省文化产业发展"十三五"规划》也要求推进文化产业园区、文化小镇等发展平台建设,提升文化产业发展水平。至2017年底,浙江省特色小镇创建名单共有108个(包括2个省级特色小镇,不包括三部委发布的23个国家级特色小镇)。这些特色小镇"文化+"的模式和特征愈益鲜明,在第一批和第二批78个省级特色小镇中,"文化+"旅游产业占

29%,"文化＋"现代制造业占 24%,"文化＋"创意产业占 33%,"文化＋"历史经典产业占 14%,表明文化是特色小镇的灵魂,特色小镇是打造包括文化产业在内的"八大万亿产业"的重要载体和平台,特色小镇创建与文化建设、文化产业发展必然形成一种共生共荣的关系。[①]

五、各地文化产业发展普遍加快

杭州、宁波、金华等区域中心城市的文化产业发展优势凸显。

2018 年,杭州文创产业在多种挑战叠加下,砥砺奋进,创新发展,呈现出鲜明的速度与质量并重、规模与效益并举的发展特色,交出了一份速度与质量并举的发展答卷。全市文创产业实现增加值 3347 亿元,同比增长 11.6%,占 GDP 比重达 24.8%,产业总实力再创新高,成为全市经济的重要支柱性产业。2018 年 9 月,《关于加快建设国际文化创意中心的实施意见》正式发布,文件提出要加快全国文化创意中心向国际文化创意中心转变,要全面提升文创产业的规模总实力、行业引领力、平台集聚力、创新创造力、发展带动力和国际影响力,加快建设竞争力强、特色鲜明、发展领先的国际文化创意中心。这不仅为杭州文创产业未来发展明确了战略目标,也标志着杭州文创产业正式步入国际化发展的新阶段。2018 年 10 月,杭州在清华大学、北京大学、香港大学、芝加哥大学等 20 余所全球顶尖学府共同举办的第三届"中国文化产业学院奖"学评奖中荣获"2018 未来文化城市"金奖。

近年来,宁波市委、市政府先后制定出台《关于推进文化产业加快发展的若干意见》《宁波市文化产业发展"三年行动"计划》《宁

---

① 陈立旭.浙江文化产业区块和园区发展历程[M].//2020 年浙江发展报告:文化卷.杭州:浙江人民出版社,2020:30.

波市"十三五"文化产业发展规划》等一批统领全市文化产业发展的文件,文化产业进入发展快车道。"十二五"期间,宁波全市文化产业增加值年均增长 13.5%,高于全市 GDP 年均增速 5 个百分点。全市文化法人单位增加到 3 万余家,全市文化产业从业人员超过 30 万人。2018 年全市实现文化及相关产业增加值 793.74 亿元,占 GDP 比重为 7.39%。文化产业市场主体不断发展壮大,得力、音王、广博、大丰、海伦钢琴、贝发等一批重点民营文化企业实力和影响力不断扩大,大丰实业在 2018 年 5 月获得第十届"全国文化企业 30 强"提名企业。目前全市共有境内主板上市文化企业7 家,"新三板"挂牌文化企业 32 家,宁波股权托管交易中心"文创板"挂牌 120 家。[①]

六、经济转型升级引擎作用明显

2003 年,习近平同志明确阐述文化产业发展"促进经济结构调整和增长方式转变"的意义,提出"必须把文化产业发展作为文化大省建设的重要突破口,努力使文化产业成为文化大省建设的重要支撑,成为浙江经济发展的重要增长点"。[②] 浙江发展文化产业的经验表明,实现经济发展的转型升级,文化产业确实具有促进增长方式转变、产业结构优化升级、传统产业改造提升,推动经济产品向"研发设计"和"品牌推广"两端发展,把"浙江制造"逐步提升为"浙江创造",加速产业自主创新步伐,开拓新的增长空间和提高人民综合创意能力等引擎作用。"之江文化创意园"是杭州

[①] 李华.构筑文化都市圈 推进"文化宁波 2020"[EB/OL].(2019-04-12)[2019-12-12].https://zj.ifeng.com/a/20190412/7361664_0.shtml.

[②] 习近平.干在实处 走在前列:推进浙江新发展的思考与实践[M].北京:中共中央党校出版社,2006:331.

十大文创产业园之一、著名的杭州国际动漫节的一个重要分会场。过去这里是水泥产业兴旺之地,经济效益好,却造成了环境破坏。省市政府果断叫停这种不可持续的经济发展方式。当时,乡镇领导面临的最大难题是乡镇企业叫停后当地群众的生存和发展问题。既然不能发展,唯一的办法似乎只能是当地人口外迁。是文化和创意留住了之江人民,保护了之江山水,增加了之江灵气。"之江文化创意园"的创建和中国美术学院新校区的迁入,使水泥厂变成了以新媒体业、动漫游戏业、现代设计业和艺术品业四大特色产业为重点的文化创意园区,为杭州增添了一座文化地标。

◆◆【案例 4-1】

中国国际动漫节:动漫的盛会　人民的节日

中国国际动漫节(China International Cartoon & Animation Festival)由国家广播电视总局和浙江省人民政府主办,杭州市人民政府、浙江省广播电视局和浙江广播电视集团承办,是到目前为止唯一一个国家级的动漫专业节展,也是目前国内规模最大、人气最旺、影响最广的动漫专业盛会。自 2005 年以来,中国国际动漫节每年春天固定在杭州举行,以"动漫的盛会、人民的节日"为宗旨,以"专业化、国际化、产业化、品牌化"为目标,以"动漫我的城市,动漫我的生活"为主题,内容包括会展、论坛、大赛、活动四大板块等 20 多个品牌项目。2018 年 4 月 26 日至 5 月 1 日在杭州举行的第十四届中国国际动漫节,共吸引 85 个国家和地区的 143.35 万人次参与,实际成交及达成签约交易、意向合作项目 1291 项,涉及金额 138.35 亿元,动漫节消费涉及金额 24.86 亿元,总计

163.21 亿元。办展规模、参与人数、交易金额、节展效益等各项指标，均为历届之最。被誉为"动画界奥斯卡"的安纳西国际动画电影节、北美最大的动画电影节——加拿大渥太华国际动画节等 10 余个世界最知名的动漫节齐聚杭州。

案例来源：第十四届中国国际动漫节［EB/OL］．（2018-05-01）［2019-06-07］．https://z.hangzhou.com.cn/2018/cicaf/index.htm.

案例简析 >>>

　　动漫游戏是浙江文化产业发展的重点门类，浙江是国内具有重要影响力的动漫游戏产业中心。作为"动漫之都"的杭州，更是以已经连续多年举办国际动漫节影响中外动漫界，推动了浙江乃至中国动漫产业的发展。浙江动漫产业的快速发展，得益于良好的产业技术、人才和环境等基础条件，独具优势的人文资源和创新精神带来的内在动力，作为外在助推力的政府产业引导、政策扶持，更得益于依托当地的政治、经济、文化、地理位置等综合优势打造的"中国国际动漫节"这个文化创意交流大平台。

◆◆◆ **【案例 4-2】**

横店影视：中国"好莱坞"

　　成立于 2004 年的横店影视产业实验区，是全国首个集影视创作、拍摄、制作、发行、交易于一体的国家级民营影视产业实验区，有中国"好莱坞"的美誉。横店从最初的"带着本子来，带着片子走"影视平台经营模式，到现在对"带着本子来，带着票子走"的全媒体、大平台追求，生动体现了浙江文化企业对全域化文化产业、一体化的影视创意服务平台的追求。1996 年，谢晋导演为拍摄香港回归献礼片之一《鸦片战争》，在全国辛苦寻觅半年合适外景拍摄基地无果,经一位浙江省东阳籍领导的建议,找到横店积极投入文化基础设施的徐文荣。双方一拍即合,由横店出资筹建了横店第一个影视拍摄基地——南粤广州街。徐文荣敏锐地意识到文化产业的美好发展前景,在几乎所有人都不理解、不支持的情况下,陆续建成了秦王宫、清明上河图、明清宫苑、明清民居博览城等28个影视实景拍摄基地,横店一跃成为全球最大的影视实景拍摄基地。2004年,横店获批首个影视文化产业实验区。2018年,横店影视产业合作区影视出口增长迅速,欢娱影视、正午阳光、千乘影视、唐德影视等企业共出口创汇6000多万美元,占全国影视出口的半壁江山。

案例来源:谢地坤.中国梦与浙江实践:文化卷[M].北京:社会科学文献出版社,2015.

案例简析 >>>

时任浙江省委书记习近平同志曾两次到横店考察,指导影视文化产业发展,推动横店影视文化产业快速发展和壮大。针对浙江经济发展中的问题,习近平同志提出"两只鸟"策略,即"凤凰涅槃"和"腾笼换鸟"来解说经济结构调整,倡导"培育吃得少、产蛋高、长得俊的好鸟",要求浙江企业在产业升级中应有所作为。横店用实践证明,横店影视文化产业便是这只"好鸟"。横店影视产业的迅速发展和取得的成就,也是浙江民营经济参与和推进浙江文化产业发展的典型代表,体现了浙江文化产业的独特亮点和经验,对提升文化软实力、加快文化浙江建设、促进全省经济转型升级和新旧动能转换,均发挥重要作用,具有重要意义。

◈ 本章小结

1.浙江坚持以改革创新为核心的时代精神,不断深化推进文化体制改革,打破既有僵化的体制机制束缚,为繁荣发展社会主义文化注入来自市场的活力和生机,解放文化生产力、提升文化创造力、增强文化软实力。

2.文化产业科技含量高、资源消耗低、环境污染少、发展潜力大,大力发展文化产业,能够更充分地满足人民群众日益增长的精神文化需求,进一步提升国家文化软实力,开辟经济发展新途径新空间,是加快转变经济发展方式的重要途径。

◆◆ 思考题

1.结合本地实际,简述文化体制改革与文化繁荣发展的关系。

2.评析一部社会效益、经济效益俱佳的文艺作品。

3.举例说明高新科技对文化产业的带动作用。

◆◆ 拓展阅读

1.本书编写组.中共中央关于深化文化体制改革推动社会主义文化大发展大繁荣若干重大问题的决定[M].北京:人民出版社,2011.

2.本书编写组.中共中央关于全面深化改革若干重大问题的决定[M].北京:人民出版社,2013.

3.中共中央文献研究室.习近平关于全面深化改革论述摘编[M].北京:中央文献出版社,2014.

4.关于加快把文化产业打造成为万亿级产业的意见(浙委发〔2017〕36 号)[EB/OL].(2017-10-23)[2019-10-23].http://www.reportway.org/zhengcejiedu/2310201717299.html.

一个时代有一个时代的文艺，一个时代有一个时代的精神。任何一个时代的经典文艺作品，都是那个时代社会生活和精神的写照，都具有那个时代的烙印和特征。任何一个时代的文艺，只有同国家和民族紧紧维系、休戚与共，才能发出振聋发聩的声音。反映时代是文艺工作者的使命。广大文艺工作者要把握时代脉搏，承担时代使命，聆听时代声音，勇于回答时代课题。

——习近平.在中国文联十大、中国作协九大开幕式上的讲话（2016 年 11 月 30 日）[M].北京:人民出版社,2016:6.

第五章　着力打造精品力作激发浙江文化创造力

◆ **本章要点**

1.浙江扎实推进文化研究工程，初步建立起具有中国特色、时代气质的浙学知识体系。全面实施文化精品战略，以文艺精品引领时代风尚，用文化力作凝聚人心，推动浙江文艺创作勇攀高峰。文艺创作从"送出去"到"走出去"，成为对外文化交流中最具亲和力和包容性的文化先行者。

2.浙江影视创作和网络文学树立起文艺精品生产的"浙江模式"。影视作品"浙江制造"的标签成为业界公认、观众认可的高品质金字招牌，中国网络作家村凭借灵活的作品孵化和对接平台赢得跨地域创作凝聚力。

3.浙江青年英才开发系列工程跨专业跨门类交叉融合，使浙江青年文艺人才综合素质呈现更多的外向型、灵活性和创新特质。

灵活开放的文艺人才引进模式带动文艺"浙军"发展,促发了高端文艺人才吸引文化资源集聚的关键作用。

　　随着国家的发展,文化艺术和社会思想的丰富繁荣促进了人民群众文化需求多层次多方面的新变化,但国内社会思想观念和价值取向也日趋多元,纷纭杂扰。在新时代新形势下,"人心是最大的政治,共识是奋进的动力"。文化艺术和社会思想工作是"培根铸魂"的伟大事业,肩负着领风尚、聚民心、集民智、汇民力的重大历史使命。2019年全国两会期间,习近平同志选择全国政协的文艺、社科联组会,作为"下团组"的第一站。他勉励文艺工作者要"记录新时代、书写新时代、讴歌新时代",哲学社科工作者要"多到实地调查研究,了解百姓生活状况、把握群众思想脉搏,着眼群众需要解疑释惑、阐明道理,把学问写进群众心坎里",归根到底要做到四个坚持:坚持与时代同步伐,坚持以人民为中心,坚持以精品奉献人民,坚持用明德引领风尚。

　　浙江是21世纪首批提出文化大省建设的先行省份。2004年9月10日,第七届中国艺术节在杭州开幕。习近平同志特别邀请一位九旬的老人和一个五岁的孩子敲响开幕式的铜锣,诠释了"艺术的盛会,人民的节日"的宗旨。这是21世纪浙江文艺创作发展的新起点。

第一节　文艺精品是浙江的文化名片

　　文化精品是一个国家、一个地区、一个时代文化发展水平的重要标志,是书写文化史最重要、最基本的要素。浙江文化要再现辉煌,就必须创作和生产出一批思想性和艺术性完美统一的文化精品,一批经得起历史检验的传世之作,一批反映时代特征、代表国家水平、体现浙江特色的精品力作,并使之成为浙江作为文化大省的重要"名片"。① 这是习近平同志在 2005 年 6 月浙江省宣传文化系统调研座谈会上的一段讲话。一个月后的省委十一届八次全会通过《中共浙江省委关于加快建设文化大省的决定》,文化精品工程列为重点实施的"八项工程"之一,另外的七项文化工程包括:文明素质工程、文化研究工程、文化保护工程、文化产业促进工程、文化阵地工程、文化传播工程、文化人才工程等。

一、硕果丰富的浙江文化研究工程

2005 年,习近平同志亲自倡导设立的"浙江文化研究工程",围绕"今、古、人、文"四个方面,深入开展浙江历史文化和当代发展的系统研究。13 年后的 2018 年,这项国内首个从哲学社会科学层面关照地方发展的重大工程相继启动两期,出版学术专著超过 1000部,初步建立起具有中国特色、时代气质的浙学知识体系,服务浙江发展,熔铸文化力量。

工程首创"党委领导挂帅、政府大力支持、财政专项保障、地方联动推进、研究部门积极配合、社科联规划组织、专家学者广泛参与"的学术管理模式,以重大项目为牵引,在全省各地建立了 20 多个跨部门跨学科的重点研究基地,凝练了与浙江历史文化和当代发展密切相关的 20 多个研究方向,建立起"成果—学科—人才"一体、"研究—研讨—实践"衔接的学术创新链条。

一期从 2005 年开始实施,至 2015 年结束,前后历时 10 年,专

---

① 习近平.干在实处 走在前列:推进浙江新发展的思考与实践[M].北京:中共中央党校出版社,2006:330.

项投入超过 6000 万元,共立研究项目 811 项,出版学术著作 600 余种、千余册,其中《郁达夫全集》等获中国出版政府奖提名奖。《中国历代绘画大系》已出版近百册,《宋画全集》《元画全集》填补中国宋画、元画整理汇编的历史空白。将历经千百年沧桑、流散世界各处的中国古代绘画汇聚成册,是该工程在新时代所创造的文化盛景。

自 2017 年初启动的二期工程,在一期工程宏观钩沉的研究成果基础上,更注重明确浙江历史文化发展的重要方向,进行更系统更深入的研究。比如新增的浙江史前文化与考古研究,以"中华文明起源及国家形成早期浙江地区的地位与作用"为论题,围绕良渚文化、河姆渡文化、跨湖桥文化、上山文化等,探究长江流域作为中华文明重要起源地的认识。

浙江文化研究工程中的当代研究也引人注目。二期项目中的《中国方案的浙江样本》从创新发展、协调发展、文化发展、乡村发展等 11 个方面对"浙江现象""浙江经验"进行系统研究,全面客观阐释浙江改革发展的历史进程和浙江经验的时代价值;《从"八八战略"到习近平新时代中国特色社会主义思想》则重在研究习近平新时代中国特色社会主义思想在浙江萌发并一以贯之地指导实践的过程,以及习近平同志把地方治理中积累的经验形成的思想理论运用于国家治理的升华拓展进程,梳理出理论脉络和逻辑结构。

从两期工程的当代发展研究来看,一期聚焦梳理浙江近 30 年来的发展历程,二期更侧重于近 15 年来浙江区域治理对国家治理的启示研究,为建构具有中国特色的社会主义思想理论体系提供浙江探索,体现了浙江哲学社会科学研究寓于家国情怀中的文化自信和文化自觉。

二、文化精品工程画出浙江文艺蓝图

从 2005 年设立以来,浙江省文化精品工程每年在全省范围启动申报项目,主要针对文艺、社科、新闻、出版四类精神文化产品创作、生产传播进行扶持,近年来的项目类别主要集中在影视、动漫、舞台艺术及文学。比长期持续推进更重要的是,作为一个大型的、持续的文化政策项目,文化精品工程在启动之初就较好地兼顾了文艺创作内生动力机制的培育,提出了符合文化事业和文化产业协同发展的项目资格要求。主要面向体现国家和浙江文化精品创作水准,在全国产生重大影响的项目;面向具有良好社会效益和市场发展潜质,能在文化产业发展中起导向示范作用的项目;面向深受基层、群众欢迎,以提供、传播优秀精神文化产品为主的公益性文化服务项目,具有浙江特色、文化个性和创新意义的项目;面向围绕中心和大局,研究重大理论和现实问题,或在宣传浙江方面有突出贡献的项目等。在扶持方式上,从项目立项、资金补贴、宣传推介、考核奖励等方面落实操作性较强的、扶持与激励并重的推进步骤,确保精品工程覆盖浙江文化创造、文化生产的各个领域,具备适应文艺、社科、新闻、出版等不同门类的灵活性,同时还鼓励向基层文化单位推出相应的子项目,培植更基础的文化创造力。

2007 年,经评审验收,十年磨一剑的大剧《公孙子都》获得 2006—2007 年度国家舞台艺术精品工程"大师精品剧目奖"榜首和第八届中国艺术节文华剧目大奖,以经典剧目《十五贯》赢得"一出戏救活一个剧种"的浙江昆剧团再创辉煌。

三、全面实施浙江文化精品战略

在接下来的十年,浙江文化精品工程在持续推进中提升为浙江文化精品战略。2011 年 11 月发布的《中共浙江省委关于认真贯

彻党的十七届六中全会精神　大力推进文化强省建设的决定》（以下简称《决定》）中，文化精品工程有更具体的拓展辅助，在文化精品扶持工程的基础上，全面实施文艺精品打造计划，加强文化精品创作生产规划，建立浙江文化创作题材库，重点推动重大革命和历史题材、现实题材、青少年题材、新农村建设题材等作品的创作。加大对文艺创作的扶持力度，建立健全精品创作生产的组织化和市场化机制，努力形成一批文学、戏剧、电影、电视、动漫、音乐、舞蹈、美术、摄影、书法、曲艺、杂技以及民间文艺、群众文艺等各个门类的文艺精品。《决定》专门提出要求切实抓好"五个一工程奖"等国家级重大奖项参展参赛作品的创作生产。

改革开放四十周年的一项数据呈现了浙江省舞台艺术精品的丰硕成果。1991 年以来，获国家舞台艺术精品工程"五十大精品剧目"2 个，国家舞台艺术精品工程重点资助或者资助项目 7 个；中宣部"五个一工程奖"49 个；文化部"文华大奖"4 个，"文华大奖特别奖"1 个，"文华剧目奖"26 个，"群星奖"201 个。2014 年，浙江有 10 部作品入选全国"五个一工程奖"，创历史最好成绩，而这些作品大多来自省文化精品扶持工程入围项目。由此可见，文化精品工程真正体现了文艺精品创作上的政策导向。浙江每年仅省级层面的扶持资金就超过 3500 万元，杭州、宁波每年用于精品扶持、奖励的经费都超过 2000 万元。

浙江文艺精品的展览展示展演的高端平台建设主要以活动促创作，近年打造的具有浙江特色的活动品牌主要有杭州·中国画双年展、中国书坛兰亭书法双年展·兰亭雅集、中国当代摄影新锐展、中国西湖国际魔术交流大会、中国民间艺人节等国家级重点品牌活动，树立艺术标杆，促进创作交流，推动浙派文艺发展。

随着新时代新形势对推进文化繁荣发展提出更高的要求,浙江文化精品战略引领了新阶段的文艺繁荣发展和高峰攀登工程。这项工程是 2018 年《中共浙江省委　浙江省人民政府关于推进文化浙江建设的意见》提出的文化浙江十大工程之一。文化精品战略启动引进更高层次的文艺人才,探索推行签约艺术家制度,积极引入国家级文艺名家参与省文化精品创作生产。同时推进文艺原创扶持计划,加大对内容原创的扶持力度,推动文艺创新,推出更多具有原创价值、自主知识产权和核心竞争力的文艺作品和文化品牌。推出长篇小说孵化项目、影视剧本孵化项目、戏曲孵化项目和报告文学孵化项目,加强对文学、剧本、词曲等原创性基础性环节的扶持。大力推进文艺与互联网的融合,实施省网络文学精品创作和传播重大专项。①

新时代的浙江文艺繁荣发展和高峰攀登工程提出的发展目标是推出更多思想精神、艺术精湛、制作精良的大作力作,打造文学重镇、影视重镇、美术书法重镇和戏曲重镇。

第二节　面向大众的文艺精品创作

坚持以人民为中心的创作导向,是文艺工作的一个根本问题。以人民为中心包含两个基本指向。第一是从人民出发。"人民不是抽象的符号,而是一个一个具体的人的集合,每个人都有血有肉、有情感、有爱恨、有梦想,都有内心的冲突和忧伤。真实的人物是千姿百态的,要用心用情了解各种各样的人物,从人民的实践和

---

①　中共浙江省委　浙江省人民政府关于推进文化浙江建设的意见[A/OL]. (2018-03-22)[2019-03-22]. http://www.zj.gov.cn/art/2018/3/22/art_7406_2272099.html.

多彩的生活中汲取营养,不断进行生活和艺术的积累,不断进行美的发现和美的创造。"第二是从生活出发。人民的生活就是"13 亿多人民正上演着波澜壮阔的活剧,国家蓬勃发展,家庭酸甜苦辣,百姓欢乐忧伤,构成了气象万千的生活景象,充满着感人肺腑的故事,洋溢着激昂跳动的乐章,展现出色彩斑斓的画面"。①

　　这些充满温度的表述润物无声,是新时期以来文艺精品创作以人民为中心的导向紧跟时代观念、载体和传播方式革新的发展方向。特别是进入 21 世纪后,文化消费越来越成为文化竞争力的一个重要维度。最生动的例证是影视作品的文化传播力和影响力开始全面超越舞台作品,成为最大众的文艺观赏、最主流的文艺创作和最热门的社会话题,也是文艺精品创作从单一评奖的激励评价机制向市场化、多元化转型的开始。在影视精品创作领域,浙江一直以鲜明的主流意识形态为价值导向,以百姓喜闻乐见的现实题材见长。

一、主旋律影视创作的浙江模式

　　2005 年,浙江的主旋律影视创作开始脱颖而出。在中央电视台一套黄金时间热播的电视剧《海之门》,以改革开放以来浙江沿海城市的经济社会大发展为背景,浓墨重彩地描绘改革开放的时代画卷,栩栩如生地刻画浙江儿女的艺术形象,在全国引起较大反响。2007 年,《海之门》获得了全国精神文明建设"五个一工程奖"。同期播映的电视剧《大工匠》,展示 20 世纪中叶以来两代产业工人在 50 年的社会发展、变革转型中自力更生、艰苦创业、无私奉献的精神,创下当时单集销售 87 万元的市场佳绩,获得全国精神文明

---

① 习近平.在中国文联十大、中国作协九大开幕式上的讲话(2016 年 11 月 30 日)[M].北京:人民出版社,2016:6.

建设"五个一工程奖",取得了社会效益与市场效益的双丰收。2008 年播映的电视剧《北风那个吹》获全国第十一届精神文明建设"五个一工程奖",还获得全国多个电视剧单项大奖。2008 年底,电视剧《十万人家》作为全国纪念改革开放 30 周年献礼作品,在中央电视台一套黄金时间压轴播出,获得第 27 届电视剧飞天奖长篇电视剧一等奖。2008 年上映的影片《超强台风》被业界誉为主流电影的商业诉求与国家主流意识形态诉求有机融合的突破之作,入围 2008 年的东京国际电影节角逐金麒麟奖,获第十一届全国精神文明建设"五个一工程奖",列入华表奖优秀电影提名影片。2008—2009 年度评出的中国电视剧飞天奖,浙江省出品 6 部电视剧获 8 个奖项,同时还有 10 部参与投资出品的电视剧也获得大奖,获奖数量共 16 件,数量和奖级列全国第一,被影视业界称为"浙江年"。

以 2010 年为节点,影视作品"浙江制造"的标签成为业界公认、观众认可的高品质金字招牌,"浙产"主旋律影视剧创作呈现出全面繁荣的景象。《鸡毛飞上天》《人民总理周恩来》等作品获中宣部 1560 万元的项目扶持;《楼外楼》《创时代》获国家广播电视总局电视剧项目扶持;《解密》《人民检察官》被中宣部列入建党 95 周年的 8 部推播剧目之中,《我是红军》《骡子和金子》《掩不住的阳光》列入纪念红军长征胜利 80 周年的 11 部优秀推播剧之中;由华策影视集团出品的《解密》《海棠依旧》获第 12 届中美电影节"优秀中国电视剧金天使奖"。电影《烈日灼心》《一九四二》《唐山大地震》《老炮儿》和电视剧《东方》《向东是大海》《温州一家人》《父母爱情》《芈月传》以及动画片《少年阿凡提》等多部作品获中宣部"五个一工程奖"、中国电影华表奖、中国电视剧飞天奖、中国金鸡百花奖、中国文化艺术政府奖动漫奖,《喜马拉雅天梯》获第四届全国优秀国产纪录片长篇奖。

2017年,浙江提出打造全国影视产业副中心的目标。2018年,浙江生产电视剧52部共2358集,产量首次居全国各省(区、市)第一,其中有70%至80%是现实主义题材作品。按照"选准题材、讲好故事、拍出精品"的目标,保障重点优秀作品创作质量,浙江电视剧管理形成一套提前在创作过程中积极介入的工作机制,包括简报通报机制、题材立项论证机制、剧本抽查审读机制、拍摄跟踪督导机制、完成剧预审机制、学习培训机制、落实责任机制、播出评议机制。具体跟踪服务过程中,备案阶段的题材靶向和引导,剧本创作阶段的专题研讨和反复打磨,一些重点剧目则专人跟踪把关等。这些工作往往在客观上能加快重大现实、重大革命和历史题材项目的创作周期,但也尽量不压制"十年磨一剑"的创作追求,最大限度保有文艺创作的多样性和多元化。

一个简明的数据,近年浙产电视剧目前播出率超过80%,居全国首位。"浙江制造"之所以成为中国影视热剧一大标签,恰在于其多样、多元和制作精良等特点,代表了中国影视产业的发展趋势。

二、网络文学创作的第一重镇

另一个树立"浙江模式"的文艺创作领域是网络文学。在影视文化持续升温二十年之后,既有的文化发展格局面临调整,网络文化不仅带来了文化表达、传播、承载和融合上的大变革,以及大量新文化样式不断涌现并得到社会认同,而且表现出强大的整合力,开拓出一片潜力巨大的文化蓝海:谁紧跟创新,谁拥有大众,谁就是文化传播的主导力量。浙江省委、省政府和宣传文化系统的职能部门,清醒而敏锐地把握住了互联网作为一种文化媒介和文化载体,对社会文化各个领域深入渗透的大趋势,并给予这种文化发展趋势正面回应。浙江网络文化阵地和网络文化服务供给从无到有、由小到大,实现了跨越式发展。

浙江网络文学最引人注目之处是集聚效应明显——作家团队整齐、影响力大、写作类型多样。作为传统意义上的文学大省,浙江在网络文学上起步早、发展快、人数多、影响大。2007年1月,杭州市作协牵头成立了全国首家市级的网络类型文学创作委员会。2008年5月,"中国首本类型文学概念读本"《流行阅》出版,为浙江网络作家群构建了一个市场化平台。杭州市网络文学的一系列突破性举措,带动浙江省网络文学的组织发展。2014年1月,浙江率先成立省级网络作家协会。9月,宁波慈溪市网络作家协会成立。2015年11月,杭州网络作家协会成立。到2018年底,10个市、7个县成立网络作家协会,吸纳会员1300余人,省、市、县(区)三级网络作协工作联动机制逐步清晰。这是网络文学发展"浙江模式"中最重要的组织凝聚力的根本保障。

网络文学的传播方式是新的,但优秀文学作品的审美价值是古今中外相通的,大众对好作品抱有欣赏共鸣之情,乃至一个好故事实现跨媒体改编传播,都仍基于原创作品具有强大的超越性和衍生力。2014年到2018年,浙江网络作协会员共创作700余部、逾6亿字作品,改编成影视剧、游戏、动漫的有百余个项目。《芈月传》等8部作品入选近两年原国家新闻出版广电总局评选的"年度优秀网络文学原创作品";《雪中悍刀行》等8部作品入选中国作家协会网络小说排行榜。《斗破苍穹》《武动乾坤》《大主宰》《妖神记》等一批浙江网络作家作品进行了海外版权输出。一个生动的例子是近年热播的《都挺好》《大江大河》《欢乐颂》等电视剧,其改编的原创网络小说都出自浙江籍网络作家阿耐,其中《大江大河》入选

"新中国 70 年 70 部长篇小说典藏",体现了浙江网络文学在现实题材上的创作实力,也展示了浙江网络文学在主流价值导向上与浙江影视创作强强联手推出精品力作的新成果。

浙江网络文学的影响力还体现在华语网络文学双年奖评选,该奖由浙江省作家协会、中共宁波市委宣传部、宁波市文联、中共慈溪市委宣传部和慈溪市文联共同设立,每两年颁发一次,评选范围为颁奖年度前两年内用华语发表和出版的网络文学作品,颁奖地设定在慈溪市,旨在通过表彰和奖励在网络文学界有影响、有实力的作家作品,加强网络文学创作队伍建设,推动网络文学创作与发展,促进网络文学的健康发展。首届网络文学双年奖 2014 年 9 月开启,2015 年 10 月颁奖;第二届网络文学双年奖 2016 年 11 月开启,2017 年 11 月颁奖。两届网络文学双年奖共有 50 部获奖作品。

发展道路越走越宽的网络文学"浙军"既是一个地域概念,也可以是一个跨地域概念。2017 年底,中国网络作家村由中国作家协会授牌,在杭州白马湖建成,网络文学作家唐家三少为首任"村长"。作家村的建设目标很朴实,一是让网络作家有一个线下交流、合作的平台;二是引导好网络作家创作,结合培训,鼓励网络作家创作更多的精品。到 2018 年底,作家村已有 107 名作家签约入驻,注册了工作室,集聚了中国一半以上的网络文学"头部作者"。作家村第一次"村民大会"上,新作品共 24 部实现了跨媒体转化。与传统作家协会组织相比,网络作家村已名副其实地成为网络文学跨媒体孵化对接平台,具有更灵活、更符合网络文化产业环境的组织吸引力,是网络文学"浙江模式"的又一体现。

第三节　文化"走出去"　展示浙江风貌

2006 年 5 月 9 日,2006"美国·中国浙江周"活动开幕式在纽约开幕,习近平同志在开幕式上作《共享机遇、共谋发展》主旨演讲,谈到了浙江具有市场经济体制比较完善的优势、对外开放的区位优势、良好的产业优势、明显的环境优势、城市和乡村协调发展的优势、得天独厚的人文优势。这些优势既为我们自身的发展奠定了良好的基础,也为深化中美双方互利合作、共谋发展提供了机遇,搭建了平台,做好了准备。① 浙江的改革开放进程中,文化艺术对外交流的重要任务是用艺术的语言讲述让人感兴趣和看得懂的中国故事和浙江故事。随着国内国际文化合作平台的多元化发展,浙江的文艺创作从"送出去"到"走出去",成为最具亲和力和包容性的文化先行者,建立文艺市场机制的国际对接,探索了不少新路。

一、讲好浙江故事,绽放浙江精彩

"连线浙江"是浙江精心打造的对外新闻文化交流和对外宣传的品牌,旨在为浙江文化对外传播创造一条既贴近浙江发展的实际,又贴近国外受众需求,贴近国外受众的思维习惯的传播渠道。"连线浙江"由省委外宣办、省外办联合举办,从 1999 年开始每年邀请国外新闻文化界主流人士来浙实地考察采访、互动交流,亲身感受浙江经济社会发展变化。同时,借助来宾的传播渠道,对外展示浙江改革开放和经济发展的巨大成就,树立浙江良好形象。已有国外主流媒体记者,世界知名摄影家、文学家、汉学家,中国问题

---

① 周咏南."美国·中国浙江周"在纽约开幕[N].浙江日报,2006-5-11(1).

专家近 800 人次来浙参观,在国内外产生了良好的反响。

"浙江文化节"自 2005 年开始举办,是浙江文化开拓国际交流展示的主打项目。2009 年,"浙江文化节"第一次走进拉美地区,由墨西哥北下加利福尼亚州政府、浙江省人民政府主办,墨西哥北下加利福尼亚州文化厅、浙江省文化厅承办,中国丝绸博物馆协办。文化节由丝绸展览、浙江民俗摄影展、以杂技和魔术为主的综艺节目和一台书画展组成。浙江省和北下加利福尼亚州共同派出了强大的媒体阵容随团报道。文化展示内容主要包括:中国剪纸(浦江剪纸、乐清细纹刻纸)、杭州刺绣、黄杨木雕、东阳竹编、浦江麦秆贴、西湖绸伞、丝绸织锦、萧山花边、王星记扇子、象山竹根雕、龙泉宝剑、温州米塑、温州夹缬等精彩纷呈的浙江非遗展示。

"2010 芬兰·中国浙江文化节",由浙江省文化厅和芬兰赫尔辛基大都会区艺术委员会主办,主展为中国丝绸博物馆和埃斯堡当代艺术博物馆承办的"天上人间——5000 年中国丝绸文化展",共展出 126 件中国丝绸博物馆的馆藏展品,其中有国家一级文物 12 件。同时,芬兰埃斯堡画廊举办了"田野海风——浙江农民画渔民画展",帝波里中心演出了"龙飞凤舞——浙江民间艺术表演",都展现了浙江的民间美术、民俗风情和有着 400 多年历史的浙江婺剧风采。

2011 年的浙江文化节带着"物华天工——中国浙江非物质文化遗产展"和"在水一方·非洲浙江"文艺演出首次走进非洲,先后在埃塞俄比亚和津巴布韦两国举办。浙江非遗展展示了 13 个列入人类非遗和国家级非遗名录的非遗代表项目,共 80 余件展品,4 位浙江非遗传人现场表演。

"2012 西班牙·浙江文化节"由浙江省文化厅、西班牙马德里中国文化中心主办,中国丝绸博物馆承办,举办地是刚刚建成开放的马德里中国文化中心大楼,"超越历史和物质:中国当代丝绸艺术展"和"锦绣浙江——民俗风情摄影展"两场展览是主题项目。

"2013 德国·中国浙江文化节"由浙江省文化厅与柏林中国文化中心共同主办,在柏林中国文化中心举行。中国丝绸博物馆再次承办主题展,"超越历史和物质——中国当代丝绸艺术展"呈现中国丝绸上千年的历史文化传承和与时代同步的创新发展。浙江的歌舞艺术、戏剧表演、工艺展览、文化艺术教育培训以及本土原创动漫网游产品展映和推介等活动进驻柏林中国文化中心。来自金华的浙江婺剧团参加了世界十大狂欢节之一的柏林文化狂欢节,并以"龙舞"和"九狮图"一举获得总分第三名,是中国团队的最好成绩。

"2014 欢乐春节·浙江文化节"分别在美国洛杉矶的亚太博物馆、好莱坞环球影城、南海岸广场、亨廷顿图书馆等主流社会最集中关注的场所进行,举办以浙江文化为主题的系列文艺、非遗展演活动,并在美国 ICN 国际卫视播放 10 集浙江纪录片,通过美国主流文化娱乐平台传播中国传统优秀文化。演出团还前往美国金球奖的颁奖地比弗利山庄,参与 ICN 国际电视联播网主办的北美春节晚会录演直播,向全世界展示中国浙江诸多代表性艺术的风采。

2015 年开始,随着"一带一路"倡议实施,"义新欧"(义乌—新疆—马德里)铁路货运班列启程,浙江文化对外交流和推介活动越来越重视"请进来"。

二、文化产品和服务出口全国领先

2015—2016 年度浙江省的国家级文化出口重点企业 25 家,2017—2018 年度增加到 39 家,位居全国沿海省份第二名。2017

年浙江文化产品出口全国第二,文化服务贸易额达 55.29 亿元,①
动漫游戏、文化创意和设计服务、广电影视出口、文化传输信息服
务四大类构成主要出口结构,也是浙江文化精品创作的新增
长点。

新媒体数字交易平台正逐步成为浙江影视、动漫、出版等领域
"走出去"的重要方式。近年来,浙江省华策影视、华谊兄弟、长城
集团、出版联合集团等企业先后与 Netflix、Youtube、Viki、Dailymotion、
Dramafever、亚马逊等几十家海外主流和一线新媒体平台,探索
OTT 出口合作模式,不断加大数字贸易力度。出口覆盖面已达美
洲、欧洲、亚洲、非洲、大洋洲等的 30 个以上国家和地区,到 2018
年底播出量超过 2 万小时。

中国国际动漫节节展办公室自 2008 年起连续 10 年组织杭州
动漫企业赴境外参展,从企业发展的角度出发为动漫企业服务,帮
助杭州动漫企业开拓国际市场,扩大杭产动漫在国际市场的影响
力;同时也把中国国际动漫节的品牌推向国际,增加国际知名度。
早在 2006 年 3 月,杭州的老牌动漫企业中南卡通的动画片《天眼》
就在新加坡新传媒播出,开创了浙江省原创动画片"走出去"的先
河,此后,也正是沿着 2000 多年前"丝绸之路"的轨迹,中南卡通的
《天眼》《乐比悠悠》等原创动画先后进入了 92 个国家和地区的播
映系统,累计出口动画片超过 8000 个小时,实现外汇收入 2860 万
美元,动画出口地区已经全部覆盖了"一带一路"国家。

浙江影视文化产品出口担当了中国电视剧"华流出海"的领头

---

① 2018 年 1—8 月浙江省文化服务进出口增长 28.32% 数字交易突显[EB/OL].
(2018-10-23)[2019-12-11]. http://www. zcom. gov. cn/art/2018/10/23/art_1403434_
22119218. html.

角色。2019 年,商务部、中宣部、文化和旅游部、国家广播电视总局四部委共同命名了中国(浙江)影视产业国际合作区,该合作区的运营主体是华策影视集团。华策影视集团 2018 年影视出口额占全国近 30%,出海版图已经覆盖了超过 20 个国家和地区,发行内容超过 1 万个小时。中国(浙江)影视产业国际合作区建设目标是成为影视作品创作生产和出口产品译制的重要平台、中华文化与影视产业国际化发展的重要基地。合作区还倡议成立了中国电视剧(网络剧)出口联盟,得到了国家、省、市级部门大力支持,包括北京京都世纪、爱奇艺、大唐辉煌、华谊兄弟、克顿传媒、新文化传媒、华策影视等国内龙头影视企业共同加入。

三、率先探索海外出版发行本土化战略

浙江出版联合集团一直位于全国出版集团"走出去"第一方阵。2015 年,以 89 项、1000 万元"走出去"资助项目,240 项非汉语地区版权输出,以 85.5 分位居"中国图书对外推广计划"年度综合排名第四名。早在 2010 年,浙江出版联合集团着手制定海外出版发行本土化战略,在海外成立本土化出版发行机构,率先在法国成立东方书局,在日本成立东京分社,为"走出去"构建面向国际的出版平台。东方书局已初步走出以艺术和少儿出版为特色的道路,其"中国绘本图书系列""当代中国美术丛书""中国民间博物馆系列""沈石溪动物故事"等系列法语图书,受到法国读者的青睐。2016 年,东方书局的伦敦分社设立。东京分社 2016 年出版了包括国家重点项目"中日文化交流史丛书"和"当代中国美术丛书",并在 2017 年东京书展中国主宾国活动中承担重任。

2015 年 4 月,浙江出版联合集团在吉隆坡国际书展组织了浙

江出版有史以来规模最大的海外展事——浙江图书文化展,展位面积 300 多平方米,50 多个项目输出版权。这是浙江出版联合集团开拓"一带一路"图书市场的标志性"走出去"工程,以此为起点,与马来西亚国家语文局、马来西亚国家书籍出版与翻译局、马来西亚汉文化中心等机构积极筹划打造中马互译平台,推出"中马互译工程"。同时与马来西亚、新加坡、印度尼西亚、印度、斯里兰卡、伊朗、塞尔维亚、阿尔巴尼亚、罗马尼亚、吉尔吉斯斯坦等 20 多个"丝路国家"建立了合作关系,以独资、合资、合作等多种形式建立本土化出版发行机构。另外,已与非洲 10 多个国家的本地出版社合作出版了包括英语、法语、西班牙语、斯瓦希里语等语种的图书。集团所属的博库书城已经拥有 8 家海外实体连锁书店、3 家网络书店,不仅建立了中国文化产品的海外发行渠道,还成为中国文化、浙江文化的形象窗口。

◆◆◆【案例 5-1】

十年坚守铸精品

《公孙子都》从选定题材到成为精品,这十年的坚守是非常艰难的。它从《伐子都》到定名为《暗箭记》推上舞台,在第九届浙江省戏剧节上只得了个二等奖。"浙昆人"不甘心,再请名导演和名编剧,重新改排,参加了第七届中国艺术节,还是没有达到理想的要求。后又请张烈编剧,石玉昆导演,改名为《英雄罪》,参加了 2005 年的第九届中国戏剧节,这一次也没有进入前十名。再后来,又大改,再更名为《公孙子都》。这前后十年间,是九易其稿,四易其名,可谓"虽九死其犹未悔"。该剧的精品之路上有四个关键点。第一,在思想定位上,《公孙子都》经历了多次的反复,最后道出的是质朴的哲理:"一念之贞成了英雄,一念之差成了罪人。从来是一念之贞难,而一念之差易呀。"这犹如警示之钟,震撼观众心灵。第二,在表演技艺上达到了炉火纯青的境界。由于在选材时就有了准确的定位,确立了以武生为主的戏路,林为林的"江南一条腿"就有了伸展的广阔天地。这十年间,为了演好公孙子都,他曾两次骨折又重新登台,可谓奇迹。第三,在各个环节做到了精美的整体呈现,从导演到各位演员都精益求精。第四,党和政府及文化主管部门的精心组织、全力扶持,是产生精品的根本保证。时任浙江省文化厅厅长杨建新在《公孙子都》上演后感言:"有一种精髓,从不曾阻断,绵延五千年的血脉,源远流长;有一种奇葩,从不曾枯萎,舞动六百年的霓裳,风流倜傥;昆剧《十五贯》诞生五十年后,后继者承载着再创辉煌的期待,'浙昆人'任重道远。"

　　案例来源:吕建华.从昆剧《公孙子都》看精品是怎样炼成的[J].中国戏剧,2008(4):33-35.

案例简析 >>>

　　在文艺创作过程中,坚守信念、永不言败,善于听取意见、朝着正确的方向修改,是精品诞生必须攻克的两道关口。昆剧《公孙子都》"经不离宗""变不越矩",为文艺精品在传统中创新实践提供了一个浙江文艺的标高。

◆◆【案例 5-2】

文艺精品如何走向世界?

　　2014 年 3 月,麦家的《解密》英文版分别由英国的企鹅出版公司和美国的 FSG 出版公司出版。这两家出版公司是世界英语文学作品出版界的顶级品牌出版社,它们按照习惯的模式对麦家作品上市做了极其周密和重磅的策划。中国图书的对外推广要依靠外方,对出版社来说是这样,对政府而言更是这样。对外推广的本土化应该成为一种战略,各种推广资助要更多地面向海外出版机构,最大限度地提高资金的利用率。最终奇迹发生。《解密》英文版一面市,就受到了欧美媒体及读者的追捧。上市当天,《解密》即创造中国文学作品海外排名最好成绩:英国亚马逊综合排名第 385位,美国亚马逊综合排名第 473 位,列世界文学图书榜第 22 位。这样的成绩在中国作家身上从未发生过。除了惊人的市场表现,海外各大媒体的关注度也是前所未有的。《解密》英文版推出后,受到全球媒体集体追捧,《纽约时报》《华尔街日报》《纽约客》《出版人周刊》《每日电讯报》《卫报》《泰晤士报》《金融时报》《独立报》及BBC 电台等 40 多家西方主流媒体都给予极高的评价,大大出乎国人的意料。美国《纽约时报》《华尔街日报》等报刊记者更是专程从美国赶赴杭州对麦家进行专访。美国的《华尔街日报》在一个月内连续三次报道麦家;《纽约时报》称"麦家在作品中所描述的秘密世界,不仅是关于中国的,也是关于世界的";英国《经济学人》周刊更是在封面直接指出《解密》是"一部伟大的中文小说"。欧美图书市场是以大型出版社为风向标的,在英国企鹅和美国 FSG 出版公司出版麦家小说后,以《解密》为代表的麦家作品其他语种的版权纷纷售出,仅 2014 年《解密》就售出 31 个语种。

案例来源:沈利娜.麦家作品的全球推广——也说作家"走出去"和出版"走出去"[J].出版广角,2015(06):68-71.

案例简析 >>>

浙江出版联合集团和浙江省作家协会是麦家作品全球推广计划的主要实施和推动者。这次实践的宝贵经验在于,文艺精品的对外输出,第一要作品本身具有"世界性",第二要符合海外文化市场对作品的分类,第三要充分对接海外出版模式。由此可见,对外文化推广的本土化应成为一种战略,最迫切的是,尽快填补版权代理和翻译服务等国内服务能力的空白,这类探索正在积极实施中。

◆◆ **本章小结**

1. 文艺担负着为民族"培根铸魂"的重要作用。文艺精品创作坚持以人民为中心的创作导向,以深厚家国情怀、高尚道德取向点燃精神火炬、点亮人生理想,以真挚的情感、鲜活的形象、平实优美的语言诠释伟大时代。

2. 作品是立身之本、立业之基。文艺创作者和传播者只有深刻认识时代的丰富性、实践的多样性,在作品创新创造上下功夫,才能用生动的艺术形象讲好精彩的中国故事。

◆◆ **思考题**

1. 如何理解中国当代文艺创作坚持以人民为中心的创作导向?

2. 如何处理文艺创作中的时代精神与个人气质之间的关系?

3. 尝试分析一个讲好中国故事、塑造当代中国文化形象的好作品。

◆◆ **拓展阅读**

1. 习近平在文艺工作座谈会上的讲话(2014 年 10 月 15 日)[EB/OL]. (2014-10-15)[2019-12-11]. http://jhsjk. people. cn/article/27699249.

2. 李泽厚. 美的历程[M]. 北京:生活·读书·新知三联书店,2017.

3.王瑞芸.西方当代艺术审美性十六讲[M].北京:人民美术出版社,2013.

4.储卉娟.说书人与梦工厂[M].北京:社会科学文献出版社,2019.

5.(美)哈罗德·布鲁姆.小说家与小说[M].南京:译林出版社,2018.

文化的力量,或者我们称之为构成综合竞争力的文化软实力,总是"润物细无声"地融入经济力量、政治力量、社会力量之中,成为经济发展的"助推器"、政治文明的"导航灯"、社会和谐的"黏合剂"。

——习近平.干在实处 走在前列:推进浙江新发展的思考与实践[M].北京:中共中央党校出版社,2006:289.

第六章　浙江文化建设:着力提升文化软实力

◆◆ 本章要点

1.习近平同志高度重视文化发展,以对文化及其价值的系统认识、理性思考和深入研析作为布局浙江文化建设战略的理论基础,体现了把握文化本质特征、尊重文化发展规律、整体推进文化建设的思维特征和方法路径。

2.浙江以浙江精神为引领,坚持改革创新,大胆探索,锐意进取,形成了坚持中国特色社会主义文化发展道路、对接浙江经济社会发展需求、建立当代文化建设新格局的方法和经验。

3.浙江人民以"八八战略"为总纲领,着力打造作为综合竞争力有机组成部分的文化软实力,在探索具有中国气派、时代特征、浙江特色的社会主义文化发展道路上作出不懈努力。

回顾 21 世纪以来的浙江文化发展轨迹,2002—2007 年期间,习近平同志在浙江文化建设上的发展理念、总体布局、创造性实践和历史性成果,在浙江文化发展史上具有开拓创新的重要意义,成为推动浙江从文化大省向文化强省、文化浙江奋力迈进的思想指引和行动遵循。多年来,历届浙江省委省政府带领浙江人民,以"八八战略"为总纲领,一张蓝图绘到底,努力打造浙江文化软实力,不断续写新时代浙江文化繁荣兴盛的新篇章。

第一节　深刻认识文化价值　高度重视文化建设

对文化及其价值的系统认识、理性思考和深入研析,是习近平同志高度重视文化建设的理论基础,体现了他把握文化本质特征、尊重文化发展规律、理论联系现实需求、整体推进文化建设的思维特征和方法路径。

一、清晰界定文化概念和建设范围

关于文化的概念和定义,众说纷纭,莫衷一是。学术界从学理研析的角度精研深究,提出种种奥义辨析;实际工作部门依照现实文化发展的需求确定建设范围、提出建设思路。站在把握文化发展内在规律和时代发展趋势的高度,综合吸纳前人学术思想智慧,将研究成果与实际工作相结合,夯实文化建设的理论内涵,是提升当代文化建设水平的具有方法论意义的科学思维和理论路径。

习近平同志清楚了解"文化是一个十分复杂的概念,古今中外对文化的定义不下百种",他从三个层面做了细致辨析。第一,梳理以往有关文化概念的界定。一种是"大中小"角度的界定:"一般而言,大文化是指人类在历史发展过程中所创造的物质财富和精神财富的总和;中文化是指其中的精神财富;小文化特指'教科文卫'中的这个'文'字,通常包括文学艺术、广播影视、新闻出版等。"

一种是"表中深"角度的界定："文化可分三个层次：一是表层文化，也叫物质文化，即人们在衣食住行等日常生活中反映出来的文化内涵，是在物质层面上含有的某些精神因素，如服饰文化、饮食文化等都属于这一层次；二是中层文化，也叫制度文化，是通过社会生活表现出来的，如宗教、制度、风俗、艺术等。三是深层文化，也叫哲学文化，主要从一个国家、民族的意识形态和哲学层面体现出来。"第二，在梳理的基础上提出自己的看法："现实生活中的文化往往是三个层次彼此交叉，相互渗透，很难区分。深层文化渗透在表层和中层文化之中，表层、中层文化也映射出深层文化。"第三，就文化大省建设中的"文化"，作出工作层面的明确界定："我们建设文化大省中的'文化'，是十六大提出的相对于经济、政治而言的'文化'，从工作内容上说，主要包括思想理论、人文精神、伦理道德、文化事业和文化产业、教育、科技、卫生、体育等方面。"①

此种从学理论证出发、结合实际加以融会贯通的思维方式，条分缕析，层层递进，思路清晰，论述规范，界定清楚，理论基础扎实，工作目标明确，为加快建设文化大省奠定了知其然而又知其所以然的周密逻辑起点。

二、深刻揭示文化的重要价值和作用

不同于许多领导干部仅从一般工作层面开展文化建设的做法，习近平同志对文化价值的高度认同，对文化建设的高度重视，表现在对文化功能、文化作用、文化建设重要性的深刻认识、充分把握和多角度全面论述上，体现出深厚的文化理论修养和远见卓识。

就文化与经济而言，一般认识中的文化与经济关系，往往更多

---

① 习近平.干在实处　走在前列：推进浙江新发展的思考与实践[M].北京：中共中央党校出版社，2006：292-293.

从经济是文化建设的基础、经济决定文化发展程度等角度考虑经济对文化的决定性作用。习近平同志在认同"文化是由经济决定的,经济力量为文化力量提供发挥效能的物质平台"的同时,更进一步从人文价值、组织效能、竞争力等方面阐述文化对于经济的反作用:"任何经济又离不开文化的支撑:文化赋予经济发展以深厚的人文价值,使人的经济活动与动物的谋生行为有质的区别;文化赋予经济发展以极高的组织效能,促进社会主体间的相互沟通和社会凝聚力的形成;文化赋予经济发展以更强的竞争力,先进文化与生产力中的最活跃的人的因素一旦结合,劳动力素质会得到极大的提高,劳动对象的广度和深度会得到极大的拓展,人类改造自然、取得财富的能力与数量会成几何级数增加。"因此,在推动经济社会发展上,文化具有内生性的、结构性的力量:"文化要素是综合竞争力的核心要素,文化资源是经济社会发展的重要资源,文化素质是领导者和劳动者的首要素质。"这种力量的发展壮大,不仅体现为文化软实力,更可以通过转化为物质力量的途径,最终转化为经济的硬实力。①

就文化与政治而言,习近平同志认为,文化具有十分明显的导向和引领政治制度、政治体制的作用。具体而言,"它为发展民主政治提供基础和条件,为新旧制度的更替提供精神武器,为一定社会的政治状况提供国民的政治觉悟水准和社会的心理、风尚、习俗等"。②

就文化与社会而言,化育、整合、凝聚,都是文化的重要功能,体现在以文化人、民族认同、社会和谐、天人相合等方面。在社会

---

①　习近平.干在实处 走在前列:推进浙江新发展的思考与实践[M].北京:中共中央党校出版社,2006:293-295.

②　习近平.干在实处 走在前列:推进浙江新发展的思考与实践[M].北京:中共中央党校出版社,2006:293.

整合、民族认同方面,"一定社会的文化环境,对生活其中的人们产生着同化作用,进而化作维系社会、民族的生生不息的巨大力量,中华民族共同的文化传统才使我们有了强烈的对中华文明的认同感和归属感;要化解人与自然、人与人、人与社会的各种矛盾,必须依靠文化的熏陶、教化、激励作用,发挥先进文化的凝聚、润滑、整合作用"。① 在维系国家统一和民族团结方面,文化尤其具有不可或缺的根本性作用:"文化是民族的灵魂,是维系国家统一和民族团结的精神纽带,是民族生命力、创造力和凝聚力的集中体现。文化的力量是民族生存和强大的根本力量。中华民族历史悠久、饱经沧桑,几分几合,几遭侵略,都不能被分裂和消亡,始终保持着强大的生命力,根本的原因就在于我们具有源远流长、博大精深的文化内涵。"②

就文化与国家综合实力和国际竞争力而言,习近平同志敏锐地认识到,经济全球化的迅速发展,不仅带来货物、服务、资本、人员等在各国之间的频繁流动,而且带来思想意识、价值观念、行为方式在世界范围的激烈碰撞。因此,当今世界激烈的综合实力竞争,不仅包括经济实力、科技实力、国防实力等方面的竞争,也包括文化实力和民族精神的竞争。如果不能迅速建立自己的文化优势,就难以在激烈的国际竞争中捍卫自己的战略利益。③ 作为综合实力和国际竞争力重要组成部分的文化和社会生产力重要组成部分的文化生产力,在提升国家综合实力和国际竞争力中,具有不可

---

① 习近平.干在实处 走在前列:推进浙江新发展的思考与实践[M].北京:中共中央党校出版社,2006:293.

② 习近平.干在实处 走在前列:推进浙江新发展的思考与实践[M].北京:中共中央党校出版社,2006:293.

③ 习近平.干在实处 走在前列:推进浙江新发展的思考与实践[M].北京:中共中央党校出版社,2006:294.

替代的重要地位。

就文化与人的全面发展而言,人的全面发展是马克思主义的最高价值追求和崇高理想,而人的全面发展最根本是指人的劳动能力的全面发展,即人的智力和体力的充分、统一的发展。文化重在以文化人,"文化即'人化',文化事业即养人心志、育人情操的事业。人,本质上就是文化的人,而不是'物化'的人;是能动的、全面的人,而不是僵化的、'单向度'的人"。① 因此,习近平同志认为文化是实现人的全面发展的决定性因素,丰富健康的文化生活是衡量人们生活质量的重要标志。人的全面发展的一个基本原则是为了一切人的全面发展。马克思主义认为,每个人的自由发展是一切人的自由发展的条件。我们党要实现的人的全面发展不是某一个人的解放和全面自由发展,而是人类整体的全面发展,包括物质与精神、社会与自然、人与人之间等的整体和谐。习近平同志指出:"人类不仅追求物质条件、经济指标,还要追求'幸福指数';不仅追求自然生态的和谐,还要追求'精神生态'的和谐;不仅追求效率和公平,还要追求人际关系的和谐与精神生活的充实,追求生命的意义。"②深刻揭示了文化与人的全面发展之间这种带有本体性、终极性追求的深度关联,并更加清醒地认识到,"这不仅给文化建设注入了新的动力,也使得精神文化产品的生产与人民群众日益增长的精神文化需求之间的矛盾更加突出"③,因此必须高度重视

---

① 习近平.干在实处 走在前列:推进浙江新发展的思考与实践[M].北京:中共中央党校出版社,2006:295.

② 习近平.干在实处 走在前列:推进浙江新发展的思考与实践[M].北京:中共中央党校出版社,2006:295.

③ 习近平.干在实处 走在前列:推进浙江新发展的思考与实践[M].北京:中共中央党校出版社,2006:296.

文化发展,加快建设社会主义文化的步伐。

经过深入研究,习近平同志就文化的重要价值和作用,作出了提纲挈领的精辟阐述:"文化为群体生活提供规范、方式与环境,文化通过传承为社会进步发挥基础作用,文化会促进或制约经济乃至整个社会的发展。文化的力量,已经深深熔铸在民族的生命力、创造力和凝聚力之中。"①

三、准确判断当代文化建设的重要意义

鉴于文化的上述种种重要价值和作用,在浙江经济社会发展的重要历史时期,习近平同志就浙江文化建设作出重要判断:加快建设文化大省,就是顺应文化与经济、政治相互交融客观趋势的战略选择。

首先,从当今世界的综合国力来看,当今世界激烈的综合国力竞争,是经济实力、科技实力、国防实力和文化方面等多方面的竞争。而且,文化"广泛渗透于上述各种力量之中,成为与经济、政治相互交融、相互影响、相互促进的重要因素"。② 更因其意识形态属性,在综合国力竞争中愈加具有特殊地位:"世界多极化、经济全球化的深入发展,引起历史的和现实的、外来的和本土的、进步的和落后的、积极的和颓废的各种思想文化的相互激荡,其中,有吸纳又有排斥,有融合又有斗争,有渗透又有抵御,使得意识形态领域的斗争更加复杂,文化市场、文化资源、文化阵地的争夺更加激烈。我们不仅在经济发展上面临严峻挑战,在文化发展上同样面临严

① 习近平.干在实处　走在前列:推进浙江新发展的思考与实践[M].北京:中共中央党校出版社,2006:294.

② 习近平.干在实处　走在前列:推进浙江新发展的思考与实践[M].北京:中共中央党校出版社,2006:289.

峻挑战。"①

其次,从党带领中国人民进行的社会主义现代化建设事业来看,先进文化、科学理论、理想信念,既是文化的核心要素,也是社会发展的重要支撑,"我们党要带领人民推进现代化建设,不能没有先进文化的武装;社会要进步,不能没有科学理论的指导;民族要振兴,不能没有理想信念的支撑"。②

再次,从中国文化自身的当代发展方向来看,"保持和发展本民族文化的优良传统,积极吸取世界其他民族的优秀文化成果,实现文化的与时俱进,是关系党和国家前途与命运的重大问题。我们决不能在文化观念上照抄照搬,在发展模式上简单模仿,必须坚决防范和抵御各种腐朽落后文化的侵蚀"③,"我国加入世界贸易组织后,对外开放进入新的发展阶段。如果不能迅速建立自己的文化优势,就难以在激烈的国际竞争中捍卫自己的战略利益。浙江作为经济发达的沿海开放省份,理应在世界文化交流和竞争中加快建设文化大省,为增强中国特色社会主义文化的吸引力和感召力,增强综合实力和综合竞争力,作出应有的贡献"④。

最后,从浙江的现实需求来看,浙江作为中国沿海发达地区、市场先发地区和开放前沿地区,更早更深刻地认识到文化建设的重要性:"我们在许多方面取得较好成绩的同时,也较早地感受到

---

① 习近平.干在实处 走在前列:推进浙江新发展的思考与实践[M].北京:中共中央党校出版社,2006:289-290.
② 习近平.干在实处 走在前列:推进浙江新发展的思考与实践[M].北京:中共中央党校出版社,2006:290.
③ 习近平.干在实处 走在前列:推进浙江新发展的思考与实践[M].北京:中共中央党校出版社,2006:290.
④ 习近平.干在实处 走在前列:推进浙江新发展的思考与实践[M].北京:中共中央党校出版社,2006:294.

一些新的带有普遍性的矛盾和问题,较多地面临来自国际经济技术合作与竞争的压力和激励,较深地体会到文化建设对增强国际竞争力和综合实力的重要作用。"①浙江改革开放以来取得的成绩,与文化引领息息相关。改革开放以来,浙江在政策并无特殊、陆域资源并不丰富的情况下,经济社会得到持续快速健康发展,成为全国经济发展最好最快的省份之一,其深层原因,"就在于浙江深厚的文化底蕴和文化传统与当今时代精神的有机结合,就在于我们在推进经济发展的同时大力加强文化建设,就在于全省人民大力发扬'浙江精神',始终保持昂扬向上的精神状态。今后一个时期浙江能否在全面建设小康社会、加快现代化建设进程中继续走在前列,很大程度上取决于我们对文化力量的深刻认识、对发展先进文化的高度自觉和对推进文化大省建设的工作力度。"②浙江的实践充分证明,文化的力量以"润物细无声"的"软实力"特质,深深融入经济力量、政治力量、社会力量之中,共同构成地区发展的综合竞争力。习近平同志对此予以高度评价,认为文化软实力是"经济发展的'助推器'、政治文明的'导航灯'、社会和谐的'黏合剂'"③。

四、明确提出增强文化软实力的具体建设目标

基于以上有关文化和文化建设的深入理解,在充分调研和掌握浙江当代文化建设基础与需求的前提下,习近平同志在 2005 年

---

① 习近平.干在实处 走在前列:推进浙江新发展的思考与实践[M].北京:中共中央党校出版社,2006:290.

② 习近平.干在实处 走在前列:推进浙江新发展的思考与实践[M].北京:中共中央党校出版社,2006:289.

③ 习近平.干在实处 走在前列:推进浙江新发展的思考与实践[M].北京:中共中央党校出版社,2006:289.

6月1日的省宣传文化系统调研座谈会上发表讲话,认为"繁荣文化事业、壮大发展文化产业,是建设文化大省的重要目标,也是加快文化大省建设的重要检验标准。从浙江实际看,当前和今后一个时期,要重点研究、论证和抓好推进文化大省建设的重大工程建设,不断增强构成浙江综合竞争力的软实力"。具体提出以下三个方面的建设目标。

进一步增强文化精品的创作生产能力。文化精品是一个国家、一个地区、一个时代文化发展水平的重要标志,是书写文化史最重要、最基本的要素。浙江文化底蕴深厚,历史上名人大师辈出,很多方面独树一帜。浙江文化要再现辉煌,就必须创作和生产出一批思想性和艺术性完美统一的文化精品,一批经得起历史检验的传世之作,一批反映时代特征、代表国家水平、体现浙江特色的精品力作,并使之成为浙江作为文化大省的重要"名片"。

进一步增强公共文化服务能力。我们的文化是社会主义文化,文化建设的根本目的是满足群众文化需求,实现好人民群众文化权利。在打造文化精品的同时,要更加重视面向基层、面向群众的精神文化产品的创作生产和传播服务,努力建立健全公益性文化事业服务体系,提高公共文化服务能力,把为人民服务、为社会主义服务真正落到实处。

进一步增强文化产业竞争能力。发展文化产业,首先是文化本身发展的必然要求,当代文化竞争在很大程度上取决于文化产业的竞争,软实力、文化力必然要通过文化产业的竞争力来加以体现。同时,这也具有促进经济结构调整和增长方式转变的意义。文化产业既是现代服务业的重要门类,也是体现先进制造业水平的一个重要窗口。我们推进经济结构调整和增长方式转变,最终的目的一个是为了更多地赚钱,如产业高度化等;一个是为了更少地消耗,建设节约型社会。而文化产业就是高附加值的产业,就是极少消耗的绿色产业。因此,必须把文化产业发展作为文化大省建设的重要突破口,努力使文化产业成为文化大省建设的重要支撑,成为浙江经济发展的重要增长点。[①]

五、坚持推进文化发展的基本原则

2005 年 7 月 28 日,习近平同志在省委十一届八次全会上指出:"在建设文化大省的实践中,我们着眼于增强建设社会主义先进文化的本领,遵循文化建设的基本规律,探索了一些有效的做法,积累了一些成功的经验,得到了一些有益的启示。"他系统梳理总结浙江以往的文化建设工作,提炼出八个"必须"的经验和启示,同时将其作为今后加快建设文化大省的基本原则,既要在工作中坚持下去,也要结合新的实践不断加以丰富和发展。

必须牢牢把握社会主义文化建设的指导思想,坚持马克思主义在意识形态领域的指导地位,坚持党管意识形态不动摇,坚持用"三个代表"重要思想统领文化大省建设的各项工作。

必须牢牢把握社会主义文化建设的本质特征,大力发展面向现代化、面向世界、面向未来的,民族的科学的大众的文化,继承和借鉴人类创造的一切优秀文明成果,努力建设具有中国特色、中国气派、中国风格和浙江特点的先进文化。

必须牢牢把握社会主义文化建设的根本方向,坚持为人民服务、为社会主义服务,努力实现好、维护好、发展好人民群众的文

① 习近平.干在实处 走在前列:推进浙江新发展的思考与实践[M].北京:中共中央党校出版社,2006:330-331.

化利益,把握经济与文化相辅相成、相互促进的发展规律,把文化的力量融入经济发展之中,在经济发展中推进文化发展,促进文化与经济、政治、社会建设的相互交融和浙江综合竞争力的不断增强。

必须牢牢把握社会主义文化建设的工作方针,坚持百花齐放、百家争鸣,唱响主旋律、提倡多样化,大力发展先进文化,支持健康有益文化,努力改造落后文化,坚决抵制腐朽文化。

必须牢牢把握社会主义文化建设的重要任务,弘扬和培育以爱国主义为核心的民族精神和以改革创新为核心的时代精神,丰富和发展浙江精神,保持和发展全省人民心齐、气顺、劲足、实干的精神状态。

必须牢牢把握社会主义文化建设的基本要求,坚持贴近生活、贴近实际、贴近群众,坚持社会效益与经济效益相统一,坚持一手抓繁荣、一手抓管理,切实增强新形势下文化工作的针对性、实效性和主动性。

必须牢牢把握社会主义文化建设的内在动力,以改革创新的精神冲破一切束缚文化发展的思想观念和体制机制,进一步解放和发展文化生产力,不断增强浙江文化的竞争力、吸引力和感召力。

必须牢牢把握社会主义文化建设的最终目标,坚持以人为本、促进人的全面发展和社会全面进步,不断提高全省人民的思想道德素质、科学文化素质和健康素质,努力培育有理想、有道德、有文化、有纪律的新型公民。①

---

① 习近平.干在实处 走在前列:推进浙江新发展的思考与实践[M].北京:中共中央党校出版社,2006:297-298。

第二节　浙江文化建设的主要做法

结合 21 世纪以来浙江建设文化大省、加快建设文化大省、建设文化强省、建设"文化浙江"的文化发展历程,可以看到浙江在着力打造作为经济社会综合实力有机组成部分的文化软实力上,咬定青山不放松,在形成具有中国气派、时代特征、浙江特色的社会主义文化发展道路上作出了不懈努力和实践探索。

一、坚持党对文化工作的领导地位

文化建设需要发展定力,党的文化工作必须坚持党的领导。习近平同志明确指出:"必须牢牢把握社会主义文化建设的指导思想,坚持马克思主义在意识形态领域的指导地位,坚持党管意识形态不动摇。"[①]旗帜鲜明地回答了文化建设举什么旗、走什么路的重大问题,牢牢把握了文化建设的根本方向。2005 年 11 月 7 日,他在浙江省文学艺术界联合会第六次代表大会上指出,"要坚持马克思主义在意识形态领域的指导地位,巩固全社会的共同思想基础、国家的主导价值和民族的精神支柱,在承认和发展多元化、多样化的同时,坚持指导思想与主导价值的一元化,在多元中求主导,在多样中成主体,在多选择中争主流"。[②] 明确要求全省各级党委和政府要始终坚持和全面贯彻党的文艺工作的方针政策,从提高党的执政能力的高度,深刻认识繁荣发展文艺事业在加快文化大省

---

① 习近平.干在实处　走在前列:推进浙江新发展的思考与实践[M].北京:中共中央党校出版社,2006:297.

② 习近平.干在实处　走在前列:推进浙江新发展的思考与实践[M].北京:中共中央党校出版社,2006:333.

建设中的重要位置,以实施文化建设"八项工程"为龙头,推动浙江文艺的繁荣和发展。

坚持先进文化的前进方向,是党对文化建设提出的方向性要求。"坚持先进文化的前进方向,关系到社会主义精神文明的全面建设,关系到中国特色社会主义文化的发展和繁荣,也关系到改革开放和现代化建设事业的前途和命运。"①浙江的文化建设始终坚持党对文化工作的领导地位,坚持先进文化的引领作用,将党的文化发展理念和先进文化贯彻到思想意识、价值引领、内容创造、阵地建设、市场培育、队伍建设、政策保障等具体领域和环节,引领文化发展方向,营造良好文化生态,为社会主义文化发展提供坚实保障。

二、坚持以人民为中心的基本原则

以人民为中心是浙江文化建设中一以贯之的基本原则,具体表现为始终坚持三个"贴近":贴近实际,贴近生活,贴近群众。对此,习近平同志具体阐释为"实际是根基,生活是源泉,群众是出发点和落脚点,实际、生活、群众始终是优秀作品的活力与魅力所依、价值和意义所在"②。今天回顾浙江文化建设中两个版本浙江精神产生的过程,有一个共同的特征,就是它们都经过了民间、学界和政府之间的反复研讨,形成多方互动、积极参与的"循环互释"关系,因此是浙江干部群众在创建社会主义市场经济的实践中形成的自发性群体意识的集中提炼,体现了来自群众、来自实践的"人

---

① 习近平.干在实处 走在前列:推进浙江新发展的思考与实践[M].北京:中共中央党校出版社,2006:299.

② 习近平.干在实处 走在前列:推进浙江新发展的思考与实践[M].北京:中共中央党校出版社,2006:334.

民性"和"实践性"的结合。

　　坚持以人民为中心,既要重视为民服务,也要重视民为主体,更要重视以文化人。一是坚持为民服务。人民对美好丰富的精神文化生活向往,是社会主义文化建设的奋斗目标。浙江在文化建设中,始终重视和强调以人民为中心的文化建设目标,积极为人民群众提供丰富多样的文化服务和文化产品,保障人民群众的文化民生和权益,让人民群众充分享受文化建设成果,增强文化获得感,很好地体现了政府为民服务的责任意识、担当意识、服务意识。二是坚持民为主体。坚持以人民为中心,既要重视为民服务,更要重视民为主体、与民共建。在政府主导的文化建设工作中,一定程度上存在重视为民服务、忽略民为主体的现象,由此产生忽视人民群众的文化创造积极性、难以对接群众真实文化需求等问题。就知识界而言,启动文化项目,大多会邀请专家参与论证、规划、设计等工作。专家有专业特长,但有时难免以小众甚至怪异的个人趣味和喜好为标准,把公共文化设施当作表达自己品味的工具,忽视产品的公共性,对公共文化产品的大众性、实用性和健康的审美趣味产生不良影响。浙江在文化建设中,重视认识人民群众在文化建设中的主体地位,激发民间文化建设的热情和积极性,发挥民众的文化创造力,充分调动民营经济和市场力量,形成全社会多元互动的文化发展氛围。三是坚持以文化人。以先进文化培育社会大众,树立理想信仰、丰富精神世界、涵养科学理性、提升综合素质,是文化建设的重要任务。浙江持续开展社会主义核心价值观的大众化生活化、评选身边道德模范、文明礼仪教育、建设农村文化礼堂等活动,将先进文化理念和主流价值观渗透到人们日常生活的点点滴滴之中,引领社会文化的发展方向,成为"日用而不觉"的习惯和习俗,不断提升人民群众的思想道德、文化修养和精神文明水平。

三、坚持价值引领的动力机制

文化是社会发展的重要推动力,精神则是文化的核心价值之所在。人类社会的每一个进步,都是在某种精神的激励下取得的成果。习近平同志十分重视文化的精神价值,将之视为浙江经济社会得以高速发展的内在动力,亲自主持提炼"求真务实、诚信和谐、开放图强"的与时俱进的浙江精神。他认为改革开放以来,浙江精神极大地促进了经济快速发展,成为能动的经济创造力;极大地促进了社会全面进步,成为巨大的社会凝聚力;极大地促进了文化大省建设,成为核心的文化竞争力。正是在浙江精神的激励下,浙江人民取得了经济、政治、社会、文化等方面发展的巨大成就。"在浙江人民创造自己灿烂文明史的背后,始终跳动着、支撑着、推进着和引领着他(她)们的力量,正是浙江人民的精神。"①

21世纪以来的浙江文化发展历程,始终与"浙江精神"的研讨、提炼和培育相伴随。2000年提炼的"自强不息、坚韧不拔、勇于创新、讲求实效"的浙江精神,概括了浙江人民在社会主义市场经济形成时期焕发出来的集体性创业意识。2005年提炼的"求真务实、诚信和谐、开放图强"的与时俱进的浙江精神,表达了浙江市场经济走向成熟时期的群体信念,成为引领浙江经济社会发展的精神指南。2011年提炼的以"创业创新"为核心的浙江精神,揭示了浙江经济社会持续健康发展背后的"文化密码"。2012年提炼的"务实""守信""崇学""向善",成为当代浙江人的共同价值观。浙江近

---

① 习近平.与时俱进的浙江精神(代序)[M].//中共浙江省委宣传部.与时俱进的浙江精神.杭州:浙江人民出版社,2007:2.

年来在省域治理层面取得的各项成就,来自全省上下"秉持浙江精神,干在实处、走在前列、勇立潮头"的实践,体现了以浙江精神为价值内核的浙江文化的巨大能量。

以文化精神引领推进文化发展,一方面,浙江特别重视先进文化之于文化发展的引领作用,坚持党对意识形态的领导权,大力培育弘扬社会主义核心价值观,提升广大人民群众的思想道德和精神文明水平;另一方面,浙江也十分重视处理好主流文化与多元文化的关系,既坚持党和政府在现阶段文化建设上必须担负起的责任,又尊重和培育文化的社会发展空间,善于发现、重视和吸收来自民间的文化创新活力和新鲜文化元素,在交流、鉴别、认同和共享中,汇聚成具有精神引领作用的先进文化的时代洪流。

四、坚持中华文化的基本立场

习近平同志论文化,不是只就今天的文化建设论文化、只就中国的文化发展论文化,而是具有强烈的历史文化意识和充分的民族文化自信,高度重视作为当代文化发展之历史根基的优秀传统文化的价值。

所谓历史文化意识,就个体来说,在19世纪德国学者的观念里,精神或心灵上的经验是教养训练的重要部分,历史是教养的学问,历史教育是教养的重要内容,因为它打开了一个人生命经验的有限性。这样的话,心灵就得以从卑微的形体中提升出来,成其为一个人性丰满的、伟大的个体。历史素养能让我们有长程的视野,对人类世界的多样性和复杂性有深刻的理解,对道德、价值、文化有判断的能力。就国家民族来说,清代浙江籍著名学者龚自珍的一段话,为人熟知:"欲知大道,必先为史。灭人之国,必先去其史;隳人之枋,败人之纲纪,必先去其史;绝人之材,湮塞人之教,必先去其史；夷人之祖宗，必先去其史。"①这些都说明了历史意识对于个人、民族和国家的重要性。

这里，我们从以下两个方面理解习近平同志的历史文化意识。一是指历史眼光：放眼万年历史长河，在把握历史发展的规律中研判今天中国的发展大势；放眼古今中外文明，在比较文明演进的格局里定位中华民族伟大复兴的中国梦。二是指这种高远的历史文化眼光，带来博大的历史情怀，就是因中华文化的源远流长、丰富多样、积淀深厚、特色鲜明而产生的热爱之情，以及由此热爱而获得的底气，因源远流长而生命力强盛、丰富多样而活力充沛、积淀深厚而能量巨大、特色鲜明而有自己异乎寻常的"根"与"魂"。

历史眼光、历史情怀带来强大的民族文化自信，这就是将优秀传统文化的重要性及其当代传承，提升到"发展道路"选择的高度。习近平在浙江工作期间，深入研究浙江历史文化传统，剖析浙江历史文化的地域特色，探寻浙江文化的历史基因，提炼与时俱进的浙江精神，从民族文化传统的历史性、独特性角度论述必须立足基本国情、走适合自己特点发展道路的必然性，为坚持道路自信提供了具有内在逻辑合理性的理论支撑。

在浙江的文化建设工作中，弘扬和传承优秀传统文化一直是题中应有之义，坚持传承优秀元素而不是全盘照搬，更非不加辨析地一味以古为尊为美，盲目崇古复古；坚持真爱、真学、真懂、真用，而非附庸风雅、以偏概全、人云亦云、不求甚解；坚持追求创造精神、创新能力和时代风格，古为今用，推动当今发展，而非泥古不化、不求变革、不思进取、不出新作。

---

① ［清］龚自珍.古史钩沉论［M］//龚自珍全集.上海：上海人民出版社，1975：22.

五、坚持整体发展的领导思维

运用历史唯物主义整体发展观,在时代发展和社会进步的总体大局中认识、思考、布局和实施文化发展战略,是习近平同志文化发展理念的重要特征。

习近平同志具有高度的文化自觉和坚定的文化自信,对文化的功能、意义和发展规律,文化在经济社会发展和人类历史进程中的重要作用,当代文化发展的理念、思路和路径,均有整体意义上的深刻理解认识、清晰论述揭示和切实路径安排。他绝非"文化搭台,经济唱戏"那样的为了经济发展而重视文化,也不是单一思维的仅就文化论文化,而是运用整体关照的历史思维,站在时代发展的制高点,用战略的思维、时代的要求、发展的眼光审视文化建设,高度重视文化对于国家发展、民族复兴和社会治理的重要作用,他说:"构建和谐社会,从以人为本的理念出发,关注人与自我、人与人、人与社会、人与自然之间的和谐,进一步明确经济发展以社会发展为目的,社会发展以人的发展为归宿,人的发展以精神文化为内核。文化与教育、科技、卫生、体育等事业,集中体现了社会全面进步和人的全面发展的要求。"①习近平同志是一位具有超前文化发展观、真正重视文化建设的领导人。

历史唯物主义认为,历史、现实和未来具有必然的内在继承和创新关系。只有尊重历史、承前启后,才能承担历史责任、延续历史进程、开创历史新篇。习近平同志尊重历史,善于从社会历史发展的内在联系中统筹浙江的历史成就、现实基础和未来目标,强化浙江经济社会发展的整体连续性。他认为,浙江改革开放 20 多年

---

① 习近平.干在实处 走在前列:推进浙江新发展的思考与实践[M].北京:中共中央党校出版社,2006:291.

的发展史是一部生动的创新史,现在所有的工作,都是站在前人的肩膀上来进行的,要着眼于当今时代的发展变化,运用理论创新的最新成果,不断推进制度创新、科技创新、文化创新以及其他各方面的创新,继续写好这部创新史,才能无愧于前人,无愧于后人。[①]在谋划布局浙江文化发展时,他强调"保持和发展本民族文化的优良传统,积极吸取世界其他民族的优秀文化成果,实现文化的与时俱进,是关系党和国家前途与命运的重大问题"[②],将历史文化、现实文化、外来文化和文化创新发展的未来远景,作了整体性的关联统一。

习近平同志十分强调和重视从政治、经济、社会、文化一体化发展的总体框架中认识文化价值,强调文化之于浙江经济社会发展的重要引领作用。在浙江工作期间,他对此作过反复阐述:"今后一个时期浙江能否在全面建设小康社会、加快现代化建设进程中继续走在前列,很大程度上取决于我们对文化力量的深刻认识、对发展先进文化的高度自觉和对推进文化大省建设的工作力度。"[③]他深入分析浙江改革开放发展过程,阐明经济社会发展及其宏观背景的变化为浙江改革带来"新的攻坚阶段",提出需要从微观层面向宏观层面、从经济领域向科教文卫等社会领域和政治领域联动推进等"四个推进"要求,以此推动浙江改革向更宽领域拓展、向更深层次的全面系统推进。他将"进一步发挥浙江的人文优

---

① 习近平.干在实处 走在前列:推进浙江新发展的思考与实践[M].北京:中共中央党校出版社,2006:79.

② 习近平.干在实处 走在前列:推进浙江新发展的思考与实践[M].北京:中共中央党校出版社,2006:290.

③ 习近平.干在实处 走在前列:推进浙江新发展的思考与实践[M].北京:中共中央党校出版社,2006:289.

势,积极推进科教兴省、人才强省,加快建设文化大省"列入"八八战略",作为浙江面向未来发展的八项举措之一。在 2005 年 7 月 28 日的中共浙江省委十一届八次全体(扩大)会议上,有关加快建设文化大省的决定,是以"为在全面建设小康社会、提前基本实现现代化进程中走在前列提供强大动力"作为定位加以布局,将文化建设工作放在了一个极高的位置上。

在实际工作中,人们对经济、政治、社会发展的重视,往往容易高于对文化建设的重视。突破惯常思维定式和旧文化发展理念囿限,站在社会发展进程的制高点上认识文化价值、重视文化作用、发挥文化功能,实非易事。习近平同志的整体性文化发展思维和实践,一直指引浙江在文化建设中,强化整体性思维、深化整体性思考、作出整体性布局。浙江将文化建设全面对接本地经济社会发展的全局大业,充分认识文化在推动产业转型升级、构建新的社会秩序和规则、重塑社会生活习俗架构、建立新型社会关系、提升民族认同感和凝聚力等众多方面的重要作用,切实发挥文化价值,拓展文化发展空间,使得文化内生性地、结构性地获得了推动经济社会发展的软实力,为实现"文化的力量是民族生存和强大的根本力量"这一文化命题的现实价值,提供了成功案例。

六、坚持真抓实干的务实作风

真抓实干、务求实效是习近平同志倡导和坚持的工作作风。《之江新语》第一篇,就是写于 2003 年 2 月 25 日的《调研工作务求"深、实、细、准、效"》。2004 年刊发的《求真务实要出实招》《抓而不实,等于白抓》等篇,强调的都是求真务实的作风。在文化建设上也是如此。2004 年 12 月 14 日,他到嵊州市调研"加强思想道德建设、加强文化阵地建设,整治文化市场、整治社会风气"活动情况。在座谈会上,他强调做文化建设工作虚功一定要实做,"虚与实是相比较而言的。比较之下,在两个文明建设中,物质文明建设实一点,精神文明建设虚一点;在提高人们素质的工作上,科学文化素质方面要实一点,思想道德素质方面要虚一点。实的比较好把握,虚的相对难以把握。有些同志在工作中往往喜欢抓实的,不喜欢抓虚的。""干工作必须虚实结合,尤其是虚功一定要实做。精神文明建设特别是思想道德建设一定要通过看得见、摸得着的方式,创造实实在在的载体,寓教于乐,入耳入脑,深入人心,潜移默化。道理要说清楚讲明白,但任何道理要深入人心,都不能光靠说教,要有一个好的载体,通过积极探索和创造更多更加贴近实际、贴近群众、贴近生活的有效载体,使精神文明建设活动开展得有声有色、富有实效。"①

文化建设有其自身规律和特点,需要的是埋头苦干而不是急功近利,需要的是一砖一瓦的积累和一代一代的传承,而不是立竿见影和轰动效应。习近平同志在中共浙江省委十一届八次全体(扩大)会议上要求真抓实干加快文化大省建设的讲话中,重点强调要遵循文化发展的特点和规律,在积累中发展,在发展中创新,防止文化建设中的形式主义和"数字政绩"。他强调指出:"文化建设是一项重在建设的'树人工程',是一项不容易出'政绩'的基础工程,是一项需要持之以恒的长期工程,不可能立竿见影。从通俗的意义上讲,文化工作是一项相对务'虚'的工作,衡量标准比较'主观',表现载体比较多样,稍不留神就可能搞成'花架子'。因此,加快建设文化大省,更加需要我们发扬求真务实的精神,大兴

---

① 习近平.虚功一定要实做[M]//之江新语.杭州:浙江人民出版社,2007:96.

求真务实之风,锲而不舍,脚踏实地,抓紧抓实。"[①]

　　在这方面,习近平同志作出了很好的表率。2005 年,他主持"文化大省建设的现状与对策研究"重点调研课题。先后在杭州、宁波、温州、绍兴等地,实地考察 60 多处文化设施和单位,举行发展文化事业和文化产业、建设"四个强省"等专题座谈会。浙江省委宣传部、省发改委、省统计局以及科技、教育、卫生、体育等部门组成课题组,对全省及 11 个市文化建设的现状进行量化统计,提出文化建设"十一五"规划意见,同时制定出一套完整严密的刚性指标评价体系,使得文化建设"软"目标变成了对各地进行动态推进的硬抓手。实干兴邦,空谈误国。真抓实干、务求实效的工作作风,贯穿于浙江文化建设的始终,在从"自强不息、坚韧不拔、勇于创新、讲求实效"到"求真务实,诚信和谐,开放图强"的与时俱进的浙江精神提炼中,在"务实、守信、尚学、向善"浙江人共同价值观的凝练中,"务实"都是最为基本的历史基因和价值元素,体现了浙江从民间到政府共同一致的价值认同和行为准则,为浙江文化建设的成效和品质打下扎实基础。

◆◆【案例 6-1】

西溪村里的文化传承

　　浙江省丽水市西溪村自唐代元和年间建村,传统"礼德"祖训培育了淳朴的民风,现有保存完好的古民居约 1 万平方米。西溪村村民深度挖掘历史文化,把村中的李氏祠堂改造成古物展览室,村民们拿出家中珍藏的明清古物,集中陈列于堂中。村中有 100

　　[①]　鲍洪俊.习近平:应该目光向下,加强基层文化设施建设[N].人民日报,2005-08-16(10).

多名楹联创作、二胡、婺剧、快板、根雕、书画等乡村传统文化娱乐骨干,组成腰鼓队、舞龙队、舞狮队、太极剑队等 10 支文体队伍,形成"自发组织、骨干带头、全村参与"的文化氛围。每到过年过节和有重大活动时,全体村民都会自发组织灯会、打腰鼓等活动,自娱自乐,气氛活跃。2006 年 6 月,西溪村被省政府命名为省级历史文化村。

案例来源:谢地坤.中国梦与浙江实践:文化卷[M].北京:社会科学文献出版社,2015.

案例简析 >>>

民间社会自在自发的文化传承和创造,鲜明地呈现出原生态的品质和形态,体现了中华民族文化绵延不绝的连续性、强大坚韧的传承力和生生不息的充沛活力,与浙江的经济基因同样地"一有雨露就发芽,一有阳光就灿烂"。它们是最有生命力的文化传承,是浙江文化在新时代里创新发展的活力源泉,是民为主体发展文化的生动体现,也是浙江文化建设得以落地实施、持续开展、取得实效的先决条件和扎实基础。

◆◆ 【案例 6-2】

锐意改革、不断进取的宗庆后

1991 年,娃哈哈集团老总宗庆后意欲收购濒临倒闭的杭州罐头食品厂(以下简称"杭罐")。宗庆后做出的这个决定并不被当时的娃哈哈人认同,他们不愿意用几年来辛辛苦苦创下的家业去收购一家背负几千万债务的亏损企业。更感到委屈的是杭罐员工,他们觉得娃哈哈是校办企业经销部出身,没有资格兼并杭罐这个国营单位,遂发起了抵制行动。有人在厂房围墙上刷满"誓与企业共存亡"的标语,有人将揭露所谓"黑幕"的大字报张贴得到处都是,还有人组织"护厂队"和"生产自救委员会"。危局之下,杭州市政府安排宗庆后出席杭罐全体员工大会。宗庆后步入杭罐时,会场充满火药味,工人并不欢迎这位杭罐的接手者。"我今天来这里,不是来救你们的!"这是宗庆后说的第一句话。随后他补充道:"没有人能够救杭罐,除了你们自己,2000 多名杭罐人。命运掌握在你们自己手中,请做一个对你们自己最好的选择。"三句话之后,杭罐人开始静静倾听这位新老板的发言,并希望从中看到脱困之道。宗庆后当时主要说了三件事情,第一是比较杭罐和娃哈哈到底谁大谁小;第二表明会留用原有工人,表现好的可以提拔;第三是员工的收入会增加。最后,他承诺先给全体员工发三个月奖金,同时不撤换现有干部,但三个月后全凭业绩说话。三件事情全部鼓掌通过。一场大会,千人归心。

案例来源:"中国共产党为什么能"第四季"深入阐释浙江精神"[Z].杭州:浙江卫视,2019-09-05.

案例简析 〉〉〉

宗庆后锐意改革、自强不息、不断进取的作为,是"求真务实、诚信和谐、开放图强"的浙江精神的生动体现,体现了文化软实力在经济社会发展中所起到的重要作用。在当代浙江,还有李书福、冯根生、鲁冠球等为代表的一大批浙商,在浙江精神引领下,抓住改革机遇,率先进行市场取向改革,培育充满生机与活力的市场主体,为浙江经济的高速发展,做出重要贡献。

◆ 本章小结

1.习近平同志提出推进浙江文化改革发展的一系列新思想、新观点、新举措,奠定了浙江文化改革发展"四梁八柱",成为推动浙江从文化大省向文化强省、文化浙江奋力迈进的思想指引、基本原则和行动遵循,增强了浙江文化软实力,为破解浙江经济社会发展瓶颈提供强大精神引领。

2. 历年来,浙江大力提炼弘扬浙江精神,以真抓实干的务实举措实施和加快文化大省建设,积极推进文化强省建设,持续推进浙江文化又好又快发展,生动阐释了文化之于经济社会发展的重要作用。

3. 坚持党对文化工作的领导地位、以人民为中心的基本原则、价值引领的动力机制、中华文化的基本立场、整体发展的领导思维、真抓实干的务实作风,是浙江文化建设的主要做法和实践成效。

◆◆ **思考题**

1. 选择所在地区文化建设案例,谈谈你对文化建设重要性的认识。

2. 结合工作实际,简述文化精神对经济社会发展的引领推动作用。

3. 描述一项印象深刻的文化建设成果,分析其获得成功的原因。

◆◆ **拓展阅读**

1. 李景源,张晓明,等.浙江经验与中国发展(文化卷)[M].北京:社会科学文献出版社,2007.

2. 谢地坤,陈野,等.中国梦与浙江实践:文化卷[M].北京:社会科学文献出版社,2015.

3. 陈立旭.文化发展:浙江的探索与实践[M].北京:中国社会科学出版社,2018.

4. 浙江省社科院.浙江发展报告:文化卷[M].杭州:浙江人民出版社,2005—2020.(万斌、林吕建、张伟斌、卢敦基、陈野、吴蓓先后主编)

提高国家文化软实力,要努力夯实国家文化软实力的根基。要坚持走中国特色社会主义文化发展道路,深化文化体制改革,深入开展社会主义核心价值体系学习教育,广泛开展理想信念教育,大力弘扬民族精神和时代精神,推动文化事业全面繁荣、文化产业快速发展。

——习近平在中共中央政治局第十二次集体学习时强调:建设社会主义文化强国　着力提高国家文化软实力[N].人民日报,2014-01-01(1).

第七章　从浙江到全国:建设社会主义文化强国

◈◈ 本章要点

1.文化自信在"四个自信"中具有特殊地位,体现了习近平同志对文化价值的深刻揭示和高度重视。坚定文化自信,建设社会主义文化强国,是新时代中国特色社会主义文化建设的目标导向。

2.始终坚持文化建设的人民性、树立以人民为中心的工作导向,是新时代中国特色社会主义文化建设的逻辑起点,社会主义文化建设必须牢牢把握为了人民、依靠人民、培育人民的文化发展方向。

3.意识形态决定文化前进方向和发展道路,牢牢把握党对意识形态工作的领导权,是新时代中国特色社会主义文化建设的政治保障。社会主义核心价值观是我国文化软实力的灵魂,是新时代中国特色社会主义文化建设的核心内涵和重要思想基础。文化是最需要创新的领域,推进中国特色社会主义文化事业必须坚持和弘扬创新精神。

党的十八大以来,习近平同志围绕社会主义文化建设发表的一系列重要论述和在全国范围开展的丰富实践,站位高远,思想深邃,内涵丰富,成效显著,体现了对中国特色社会主义文化建设规律的深刻把握,丰富和发展了马克思主义文化理论,是十八大以来党的理论创新的重要成果,是习近平新时代中国特色社会主义思想的重要组成部分。党的十九大报告指出:"文化是一个国家、一个民族的灵魂。文化兴国运兴,文化强民族强。没有高度的文化自信,没有文化的繁荣兴盛,就没有中华民族伟大复兴。要坚持中国特色社会主义文化发展道路,激发全民族文化创新创造活力,建设社会主义文化强国。"高度凝练而又鲜明地体现了习近平新时代中国特色社会主义文化发展理念,是新时代坚定文化自信、推动社会主义文化繁荣兴盛、建设社会主义文化强国的方向引领和科学指南。从中探析其历史成因和主要内涵,可见与习近平同志在浙江工作期间的文化建设理论思考和实践探索具有一脉相承的内在关联,彰显出与时俱进的理论品格,体现了从区域治理实践上升到国家治理全局的社会主义文化建设的实践升华。

第一节　逻辑起点:坚定文化自信

"我们说要坚定中国特色社会主义道路自信、理论自信、制度自信,说到底是要坚定文化自信。"[①]坚定文化自信,是习近平新时代中国特色社会主义文化发展理念的逻辑起点,体现了坚守中华文化立场的初心使命。文化自信作为习近平同志继道路自信、理

---

① 习近平.习近平在哲学社会科学工作座谈会上的讲话(2016 年 5 月 17 日)[EB/OL].(2016-5-19)[2019-12-11].http://jhsjk.people.cn/article/28361550.

论自信、制度自信之后提出的第四个自信，在"四个自信"中具有特殊的地位，一以贯之地表明他对文化价值作用的深刻揭示和高度重视。他说："文化自信，是更基础、更广泛、更深厚的自信，是更基本、更深沉、更持久的力量。坚定文化自信，是事关国运兴衰、事关文化安全、事关民族精神独立性的大问题。"[①]中华文化因源远流长而生命力强盛、因丰富多样而活力充沛、因积淀深厚而能量巨大、因特色鲜明而独具价值，是我们坚定文化自信的坚实基础。"当今世界，要说哪个政党、哪个国家、哪个民族能够自信的话，那中国共产党、中华人民共和国、中华民族是最有理由自信的。"[②]

一、深厚历史修养孕育坚定自信

中华文化传统悠久深厚，现实创造多姿多彩，思想体系富有特色。中华民族 5000 多年的文明史、中国人民近代以来 170 多年的斗争史、中国共产党近百年的奋斗史、中华人民共和国 70 多年的发展史，汇聚成中华优秀文化传统，是树立文化自信的历史源泉与根基。

（一）掌握广博历史知识

学习掌握历史知识是坚定文化自信的必要前提。"坚定文化自信，离不开对中华民族历史的认知和运用。历史是一面镜子，从历史中，我们能够更好看清世界、参透生活、认识自己；历史也是一位智者，同历史对话，我们能够更好认识过去、把握当下、面向未来。'观古今于须臾，抚四海于一瞬'。"[③]有关历史知识的构成，习

---

① 习近平.在中国文联十大、中国作协九大开幕式上的讲话（2016 年 11 月 30 日）[M].北京：人民出版社，2016：6.

② 习近平.在庆祝中国共产党成立 95 周年大会上的讲话（2016 年 7 月 1 日）[EB/OL].（2016-07-02）[2019-12-12].http://jhsjk.people.cn/article/28517655.

③ 习近平.在中国文联十大、中国作协九大开幕式上的讲话（2016 年 11 月 30 日）[M].北京：人民出版社，2016：9.

近平同志有过详细解读:"要学习中国历史,了解和懂得自古以来中国人民创造的灿烂历史文化,从中汲取有益于加强修养、做好工作的智慧和营养""要注重学习鸦片战争以来我国近现代历史和中共党史,加深对近现代中国国情和中国社会发展规律的认识","还应该学习一些世界历史知识。中国历史是世界历史的重要组成部分,中国自古以来就同世界上许多国家和地区发生着各种各样的联系。"①这样一个融汇中国古代史、中共近现代史、中共党史和世界史的综合知识体系,涵盖中外、汇通古今,是涵育我们文化自信的资源宝库和源头活水。

(二)拥有深邃历史视野

"明镜所以照形,古事所以知今。"历史文化以其作用于人精神世界的智慧与通达,打开一个人生命经验的有限性,赋予其道德、价值、文化判断力,使之获得足以深刻理解人类世界多样性和复杂性的深邃视野,从而成为超越时代局限、具有博大历史情怀的伟大个体。习近平同志对此深具卓识:"具有历史文化素养,最重要的是要具有历史意识和文化自觉,即想问题、作决策要有历史眼光,能够从以往的历史中汲取经验和智慧,自觉按照历史规律和历史发展的辩证法办事。"②坚持文化自信,需要拥有思接千载、视通万里的历史慧眼,烛照历史之幽微,洞达未来之远景,站在中国特色社会主义进入新时代的新的历史方位上,纵观万年历史长河,在把握历史发展规律中研判今天中国的发展大势;放眼古今中外文明,在统摄文明进程里定位中华民族伟大复兴的中国梦。

---

① 习近平.领导干部要读点历史[N].学习时报,2011-9-5(1).
② 习近平.领导干部要读点历史[N].学习时报,2011-9-5(1).

(三)自觉承担历史使命

2012 年 11 月 15 日,刚刚当选中共中央总书记的习近平同志与中外记者见面时郑重承诺:"我们一定不负重托,不辱使命!"①大义担当的使命意识,是文化自信的深沉品质。这种历史担当,来自中华民族对民族复兴的追求:"中华民族积蓄的能量太久了,要爆发出来去实现伟大的中国梦。这是我们这一代人的历史使命,我们每一个人都在自己的岗位上为实现这个目标而奋斗!"②来自我们党的光荣传统:"在内忧外患中诞生和成长起来的中国共产党,自成立之日起就把实现中华民族伟大复兴作为自己的历史使命,捍卫民族独立最坚定,维护民族利益最坚决,反抗外来侵略最勇敢。"③来自共产党人肩头担当的重大责任:"全党同志一定要牢记党肩负的执政兴国、振兴中华、坚持和发展中国特色社会主义的历史使命。"④为此,习近平同志告诫全党:"历史总是要前进的,历史从不等待一切犹豫者、观望者、懈怠者、软弱者。只有与历史同步伐、与时代共命运的人,才能赢得光明的未来。"⑤中华民族正走在从站起来、富起来到强起来的历史征程上,前景美好,责任重大,正需牢记使命,勇于担当,不懈奋斗。

---

①　习近平等十八届中共中央政治局常委同中外记者见面[EB/OL]. (2012-11-15)[2019-12-12]. http://cpc. people. com. cn/18/n/2012/1115/c350821-19591246. html

②　习近平:走好我们这一代新长征路[N]. 北京青年报,2016-7-20(4).

③　习近平. 在纪念中国人民抗日战争暨世界反法西斯战争胜利 69 周年座谈会上的讲话(2014 年 9 月 3 日)[EB/OL]. (2014-09-04)[2019-12-12]. http://jhsjk. people. cn/article/25599907.

④　秋石. 奋勇担当起振兴中华的历史使命:学习习近平总书记参观《复兴之路》展览时的重要讲话[J]. 求是,2012(24):5.

⑤　习近平. 在庆祝中国共产党成立 95 周年大会上的讲话(2016 年 7 月 1 日)[EB/OL]. (2016-07-02)[2019-12-12]. http://jhsjk. people. cn/article/28517655.

二、以文化自信坚守中华文化立场

每一种文化自信，都有自己的历史之根、文化之魂，都关联着民族未来、国家前程。习近平同志认为："历史和现实都表明，一个抛弃了或者背叛了自己历史文化的民族，不仅不可能发展起来，而且很可能上演一幕幕历史悲剧。"①当代中国，外部世界风云变幻，国内思想界风雷激荡，都需要我们以巨大的历史定力和政治勇气，态度鲜明地坚守中华文化立场。

（一）提炼民族文化基因

习近平同志在论述中华文化时，多次提到"基因"二字，"一个民族最深沉的精神追求，一定要在其薪火相传的民族精神中来进行基因测序"②，十分重视文化基因在历史传统形成、民族精神塑造和当代发展中的重要性。他认为，中华民族形成和发展过程中产生的各种思想文化，记载了中华民族在长期奋斗中开展的精神活动、进行的理性思维、创造的文化成果，反映了中华民族的精神追求，"其中最核心的内容已经成为中华民族最基本的文化基因"③。

中华民族的文化基因，来自数千年形成的孝悌忠信、礼义廉耻、仁者爱人、与人为善、天人合一、道法自然、自强不息等思想理念，来自不畏艰难、舍生取义、视死如归、虚怀若谷、居安思危、革故鼎新等精神品质，来自党领导中国人民在长期的革命、建设和

①　习近平.在中国文联十大、中国作协九大开幕式上的讲话（2016 年 11 月 30 日）[M].北京：人民出版社，2016：6.

②　习近平.在德国科尔伯基金会的演讲（2014 年 3 月 28 日，柏林）[EB/OL].（2014-03-30）[2019-12-12].http://jhsjk.people.cn/article/24773108.

③　习近平.在纪念孔子诞辰 2565 周年国际学术研讨会暨国际儒学联合会第五届会员大会开幕会上的讲话（2014 年 9 月 24 日）[EB/OL].（2014-09-26）[2019-12-12].http://jhsjk.people.cn/article/25729647.

改革中形成的井冈山精神、长征精神、延安精神、抗战精神、大庆精神、"两弹一星"精神、救灾精神、改革精神等红色元素。如此一个气象万千、厚重灿烂的基因宝库，与中华民族的生命历程相伴随，植根在中国人内心，潜移默化影响着中国人的思想方式和行为方式。

民族文化基因在社会实践中原生态地产生呈现，在历史长河中淘炼选择，也在文明演进中沉淀深化，从直观的表象世界进入集体意识、文化心理、价值观念、人文精神等深层次的观念世界，深深融入民族的血脉和灵魂。对文化基因的重视和提炼，是对中华民族文化传统的核心要素、结构序列、精神品质和传承机制等的深入挖掘和阐发，目的就在于使中华民族最基本的文化基因与当代文化相适应、与现代社会相协调，弘扬跨越时空、超越国界、富有永恒魅力、具有当代价值的文化精神，为今天发展提供蕴含于民族文化内部的活力源泉。

（二）弘扬民族文化精神

提炼民族文化精神并充分发挥其在当代经济社会建设中的作用，始终贯穿于习近平同志从地方到中央的工作轨迹之中。他认为："人无精神则不立，国无精神则不强。精神是一个民族赖以长久生存的灵魂，唯有精神上达到一定的高度，这个民族才能在历史的洪流中屹立不倒、奋勇向前。"①中华文化是具有精神高度和崇高理想信念的优秀文化，在漫长的历史岁月里把中华民族凝聚成牢不可破的民族文化共同体的，正是"我们共同经历的非凡奋斗，是我们共同创造的美好家园，是我们共同培育的民族精神，而贯穿其

---

① 习近平. 在纪念红军长征胜利 80 周年大会上的讲话（2016 年 10 月 21 日）[EB/OL].（2016-10-22）[2019-12-13]. http://jhsjk. people. cn/article/28798737.

中的、更重要的是我们共同坚守的理想信念"。① 今天我们为实现中国梦而奋斗,同样必须弘扬以爱国主义为核心的民族精神和以改革创新为核心的时代精神。爱国主义始终是把中华民族坚强团结在一起的精神力量,改革创新始终是鞭策我们在改革开放中与时俱进的精神力量。因此,习近平同志要求全国各族人民一定要弘扬伟大的民族精神和时代精神,凝心聚力,兴国之魂,强国之魂,不断增强团结一心的精神纽带、自强不息的精神动力,永远朝气蓬勃迈向未来。

(三)涵育当代发展道路

党的十八大以来,我们党对优秀传统文化的重视,得到更加鲜明的彰显。习近平同志对优秀传统文化的熟悉、重视和实践运用,特别是他对优秀传统文化在建设中国特色社会主义的全局大业上具有重要意义的多次表述和强调,成为其治国理政的鲜明风格。2014年10月13日,他在中共中央政治局第十八次集体学习时强调:"解决中国的问题只能在中国大地上探寻适合自己的道路和办法。数千年来,中华民族走着一条不同于其他国家和民族的文明发展道路。我们开辟了中国特色社会主义道路不是偶然的,是我国历史传承和文化传统决定的。"

悠久深厚的优秀中华文化传统,是先人留给我们的宝贵财富,孕育着我们的思想和精神,形塑着我们的品格和力量,涵育着我们的根基和道路。今天的中国发展,根基是什么、力量在何处、要走什么路、要向哪里去,都需要我们潜入中华文化传统的深海,从文明基因、内部结构、价值认同、治理方式、道路选择、目标设定等方

---

① 习近平.在第十二届全国人民代表大会第一次会议上的讲话(2013年3月17日)[EB/OL].(2013-03-18)[2019-12-13].http://jhsjk.people.cn/article/20819130.

面，分析研判，钩玄提要，以翔实史实、清晰学理、生动言说使人心服口服地接受、认同优秀传统文化是孕育、生发中国之"中"、特色之"特"的沃土。这就要求我们对此沃土作出科学分析、合理培植，因势利导地加以悉心养护，从中培育出华盖葱茏的"参天大树"。一个伟大的民族，必定需要也一定会在不断的历史性的突破中，一次次地焕发出"日日新又日新"的蓬勃生机。

因此，我们对优秀传统文化当代价值的认识，不能只停留在丰富文化生活、构建精神家园这样的表象层面，还应认识到它与新形势下道路选择、经济发展、环境治理、社会管理、秩序规范构建等重大主题密切相关，在构建新型社会秩序、建设社会规范体系、重塑民间社会生活架构、建立具有中国特色新型社会关系、增强民族集体意识、提升民族文化认同感和凝聚力等众多方面，均有可资传承应用的资源。归根到底，中国人终究要走中国人的道路、要过中国人的生活。历史智慧、家国情怀、民族精神，是我们走向中华民族伟大复兴的强大精神力量。这不仅是维护中华文化传统的需要，更是保持世界文化多样性的责任。特别是在全球化的国际背景下，各种文化之间的交流、融合、碰撞、挑战更趋激烈。世界局势风云变幻，各种思潮乱花迷眼，更需我们立定自己的脚跟，看准自己的道路，明确自己的方向，实现自己的梦想。由此来看，优秀传统文化的当代传承弘扬，不但具有精神价值，更具实践意义；不但是软实力，也是硬实力。

（四）"以史为鉴，更好前进"

文化自信是中华民族在各个历史时期砥砺前行的精神引领，是中国人民在各个时代不断开新造大的内在动力。重视历史、研究历史、借鉴历史是中华民族的优良传统，也是习近平同志反复倡导、大力推动的文化建设重要领域。有别于发思古之幽情、借历史自我陶醉的狭隘史观,他认为"历史总是向前发展的,我们总结和吸取历史教训,目的是以史为鉴、更好前进"①,发表过许多真知灼见,形成了系统的理论认识。

历史是总汇前人各种知识、经验和智慧的百科全书。"以古人之规矩,开自己之生面",博大深厚、内涵丰富的中华民族光辉历史,是今天建设中国特色社会主义伟大事业的生命之根、动力之源,创造民族文化时代高峰的厚重基石。以史为鉴,可以把握历史规律,汲取智慧,增强底气,坚定自信,以历史之力推动前进步伐。善于从不断认识和把握历史规律中找到前进的正确方向和正确道路,正是我们党能够领导中国革命、建设、改革不断取得胜利的重要原因。以史为鉴,可以开启民智,涵养国民文化素养,开阔眼界胸襟,提升精神境界,增强文化自觉,树立文化自信。以史为鉴,可以提高领导干部全局站位,培育历史思维,提升素质能力、工作水平,正确认识党情国情,做好各项本职工作。

实现中华民族伟大复兴,需要物质文明和精神文明的极大发展。坚定文化自信,是事关国运兴衰、事关文化安全、事关民族精神独立性的大问题②。中国特色社会主义进入新时代,中华民族从站起来、富起来走向强起来,文化需要承担更大的责任和使命。我们要以马克思主义为指导,以历史为清醒剂、营养剂,引导人民树立和坚持正确的历史观、民族观、国家观、文化观,增强做中国人的骨气和底气。要立足当代中国现实,结合当今时代条件,坚持中国

---

① 习近平. 在纪念毛泽东同志诞辰 120 周年座谈会上的讲话(2013 年 12 月 26 日)[EB/OL]. (2013-12-27)[2019-12-13]. http://jhsjk.people.cn/article/23954163.

② 习近平. 在中国文联十大、中国作协九大开幕式上的讲话(2016 年 11 月 30 日)[M]. 北京:人民出版社,2016:6.

特色社会主义文化发展道路，推动中华优秀传统文化创造性转化创新性发展，继承革命文化，发展面向现代化、面向世界、面向未来的，民族的科学的社会主义文化，激发全民族文化创新创造活力，建设社会主义文化强国。

第二节　目标导向：坚持以人民为中心

2012 年 11 月 15 日，中国共产党十八届中央政治局常委与中外记者见面，中共中央总书记习近平表示："人民对美好生活的向往，就是我们的奋斗目标。"①人民性是马克思主义最鲜明的品格，在政党史上，马克思首次提出了历史活动是群众的事业、人民群众创造历史的著名观点。党的十八大以来，习近平同志就坚持以人民为中心的执政理念多次作出重要论述，强调要把增进人民福祉、促进人的全面发展、朝着共同富裕方向稳步前进作为一切工作的出发点和落脚点，要求全党同志坚持人民创造历史、人民是真正英雄的唯物史观，牢牢站稳人民立场，尊重人民主体地位和首创精神，把人民立场作为观察问题、分析问题、解决问题的认识准则、判断准则和行动准则，一切为了人民、一切依靠人民，全心全意为人民服务。

习近平同志始终坚持文化建设的人民性，遵循人民群众是历史创造者的历史唯物主义基本原理。他在 2013 年全国思想宣传工作会议上强调指出："坚持人民性，坚持以民为本、以人为本。要树立以人民为中心的工作导向，把服务群众同教育引导群众结合起来，把满足需求同提高素养结合起来，多宣传报道人民群众的伟

---

① 习近平等十八届中共中央政治局常委同中外记者见面[EB/OL].(2012-11-15)[2019-12-12]. http://cpc. people. com. cn/18/n/2012/1115/c350821-19591246. html

大奋斗和火热生活,多宣传报道人民群众中涌现出来的先进典型和感人事迹,丰富人民精神世界,增强人民精神力量,满足人民精神需求。"①以人民为中心的社会主义文化建设,必须牢牢把握为了人民、依靠人民、培育人民这样一个三位一体的立场和方向。

一、社会主义文化建设必须为了人民

社会主义文化从本质上讲是人民的文化,文化建设的重要目的在于让人民群众充分享受文化发展成果。党的十九大报告提出,中国特色社会主义进入新时代,我国社会主要矛盾已经转化为人民日益增长的美好生活需要和不平衡不充分的发展之间的矛盾。满足人民日益增长的物质生活需要,必须抓好经济社会建设,增加社会的物质财富;满足人民日益增长的精神文化生活需要,必须抓好文化建设,增加社会的精神文化财富。随着我国经济生活水平的不断提高,人民群众对精神文化产品的需求,从内容到形式、从数量到质量、从风格到品位等的要求,日益多元化、多样化。文化建设必须以全心全意为人民服务为宗旨,跟上时代发展、把握人民需求,充分了解人民群众的喜怒哀乐,积极反映人民群众的心声,创作生产出人民群众喜闻乐见的优秀作品,让人民群众享受到健康丰富有品质的文化生活。

满足人民需求是文化建设的根本价值所在。文化建设只有体会人民情感、顺应人民意愿、反映人民关切,满足人民需求,才能真正反映时代要求和人民心声,获得经久不息的生命力。"以人民为中心,就是要把满足人民精神文化需求作为文艺和文艺

① 习近平在全国宣传思想工作会议上强调:胸怀大局把握大势着眼大事,努力把宣传思想工作做得更好[EB/OL].(2013-08-21)[2019-12-13]. http://jhsjk. people. cn/article/22636876.

工作的出发点和落脚点，把人民作为文艺表现的主体，把人民作为文艺审美的鉴赏家和评判者，把为人民服务作为文艺工作者的天职。"①文化工作要想有成就，必须自觉与人民同呼吸、共命运、心连心，主动了解、真实反映人民群众的文化需求，欢乐着人民的欢乐，忧患着人民的忧患，做人民的孺子牛。

二、社会主义文化建设必须依靠人民

人民群众是文化发展的主力军。在一般认识里，"以人民为中心"，往往更多着眼于"为了人民"的角度，容易忽视"依靠人民"的视角。政府部门一定程度上习惯于把自己置于文化发展的主体地位，视人民群众为服务对象。这固然体现了政府的责任担当和服务意识，但也容易产生忽视人民群众文化建设积极性、难以对接民间真实文化需求等问题。人民群众既是文化发展成果的直接受益者，也是推进文化发展的动力源泉和主力军。要虚心向人民学习，以人民的标准来衡量文化建设的成效，尊重人民在文化建设中的主体地位和创新精神，最大化地激发人民文化创造的潜能活力，充分调动发挥他们参与文化发展的自觉性、主动性，集聚起社会主义文化建设的不竭动力。

人民生活是文化发展的源头活水。生活是文化建设之母，蕴藏着取之不尽、用之不竭的文化创造的丰富原料。中华民族5000多年的文明进步，近代以来中国人民争取民族独立、人民解放的浴血斗争，中国共产党领导人民进行的革命、建设、改革的伟大历程，古老中国的深刻变化和14亿中国人民极为丰富的生产生活，涌现出无数震撼人心的光辉业绩、深邃情感和思想结晶，为文化创造提供着源源不断的源头活水。要脚踏坚实大地，扎根人民大众，尊重

---

① 习近平.在文艺工作座谈会上的讲话（2014年10月15日）[EB/OL].（2014-10-15）[2019-12-13].http://jhsjk.people.cn/article/27699249.

人民创造,虚心向人民请益,向生活学习,真诚聆听教诲,吸取鲜活素养,反映真实生活,接受人民检验。

三、以社会主义先进文化培育人民群众

文化具有引领、传承、整合、创新、治理等功能,在价值认同、精神塑造、品质涵养、社会治理等方面,均可发挥重要作用。优秀文化成果要把社会效益放在首位,创作出经得起人民评价、专家评价、市场检验的社会效益和经济效益相统一的作品,彰显真善美,弘扬正能量,讴歌奋斗人生,刻画最美人物,用文化的力量温暖人、鼓舞人、启迪人,引导人民群众提升思想认识、道德水平、文化修养、审美水准,激励人们永葆积极向上的进取精神。要始终把人民对美好生活的追求放在心中,勇于鞭挞人民深恶痛绝的消极腐败现象和丑恶现象,坚持用光明驱散黑暗、用真善美战胜假恶丑,提升人民群众看到希望、追求美好的信心。要提高人民群众认识、解读生活的能力,用文化的力量鼓舞人们在黑暗面前不气馁、在困难面前不低头,用理性之光、正义之光、善良之光照亮大众生活。

第三节　政治保证:牢牢掌握党对意识
形态工作的领导权

"意识形态决定文化前进方向和发展道路"①,这是新时代文化建设的政治保证。文化建设是意识形态工作的重要阵地,在文化建设中,必须巩固马克思主义在意识形态领域的指导地位,牢牢掌握党对意识形态工作的领导权,强化社会主义意识形态建设。

---

① 习近平.在中国共产党第十九次全国代表大会上的报告[EB/OL].(2017-10-28)[2019-12-13].http://jhsjk.people.cn/article/29613660.

一、坚持和加强党对意识形态工作的全面领导

做好意识形态工作事关党的前途命运，事关国家长治久安，事关民族凝聚力和向心力。历史和现实表明，一个政权的瓦解往往是从思想领域开始的。思想防线被攻破了，其他防线就很难守住。意识形态领域没有任何妥协退让的余地，必须取得全胜。党的十八大以来，以习近平同志为核心的党中央高度重视意识形态工作，就意识形态领域的许多方向性、战略性问题作出部署，从根本上扭转了意识形态领域一度出现的被动局面，使我国意识形态领域形势发生了全局性、根本性的转变，巩固和发展了主流意识形态。

做好意识形态工作必须牢牢掌握党和国家指导思想在我国社会主义意识形态中的统摄地位。要坚持马克思主义的指导地位，认真学习贯彻习近平新时代中国特色社会主义思想，坚持和加强党对意识形态工作的全面领导，以立为本、立破并举，推进社会主义意识形态建设，巩固全党全国人民团结奋斗的共同思想基础，使全体人民在理想信念、价值理念、道德观念上紧紧团结在一起。

各级党委要切实负起政治责任和领导责任，严格落实意识形态责任制，加强党对意识形态工作的全面领导，旗帜鲜明坚持党管宣传、党管意识形态。要以党的政治建设为统领，牢固树立"四个意识"，坚决维护党中央权威和集中统一领导，牢牢把握正确政治方向，压紧压实意识形态工作的政治责任和领导责任，加强贯彻主管主办和属地管理原则，切实做到守土有责、守土负责、守土尽责。要加强作风建设，努力打造政治过硬、本领高强、求实创新、能打胜仗的工作队伍。

党员、干部是做好意识形态工作的关键。党员、干部特别是各级领导干部,要坚定马克思主义、共产主义信仰,要把系统学习和掌握马克思主义基本理论作为看家本领,认真学习贯彻习近平新时代中国特色社会主义思想。党校、干部学院、社会科学院、高校、理论学习中心组等都要把马克思主义作为必修课,成为马克思主义学习、研究、宣传的重要阵地。新干部、年轻干部尤其要抓好理论学习,学会运用马克思主义立场、观点、方法观察和解决问题,坚定理想信念。党员干部要发扬斗争精神,敢抓敢管、敢于亮剑,不做"骑墙派"和"看风派",不做所谓"开明绅士",不搞"爱惜羽毛"那一套。加强阵地建设和管理,注意区分政治原则问题、思想认识问题、学术观点问题,旗帜鲜明反对和抵制各种错误观点。

二、持续开展做好做强宣传思想工作

巩固马克思主义在意识形态领域的指导地位,宣传思想部门承担着十分重要的职责。要运用马克思主义中国化最新成果指导意识形态工作,推动习近平新时代中国特色社会主义思想深入人心,持续加强理论武装工作,做好做强科学理论宣传教育工作,把科学理论转化为认识世界、改造世界的强大力量,统一全党全国各族人民思想和行动,巩固全党全国人民团结奋斗的共同思想基础。尤其需要不断提高自身素质和能力。围绕做好意识形态工作加强学习实践,提高思想认识,重视队伍建设,采取有效举措,取得扎实成果,真正成为让人信服的行家里手。

坚定"四个自信"是建设社会主义意识形态的关键,宣传思想部门要自觉承担起举旗帜、聚民心、育新人、兴文化、展形象的使命任务。举旗帜,就是要高举马克思主义、中国特色社会主义的旗帜,坚持不懈用习近平新时代中国特色社会主义思想武装全党、教育人民、推动工作,在学懂弄通做实上下功夫,推动当代中国马克思主义、21 世纪马克思主义深入人心、落地生根。聚民心,就是要牢牢把握正确舆论导向,唱响主旋律,壮大正能量,做大做强主流思想舆论,把全党全国人民士气鼓舞起来、精神振奋起来,朝着党中央确定的宏伟目标团结一心向前进。育新人,就是要坚持立德树人、以文化人,建设社会主义精神文明、培育和践行社会主义核心价值观,提高人民思想觉悟、道德水准、文明素养,培养能够担当民族复兴大任的时代新人。兴文化,就是要坚持中国特色社会主义文化发展道路,推动中华优秀传统文化创造性转化、创新性发展,继承革命文化,发展社会主义先进文化,激发全民族文化创新创造活力,建设社会主义文化强国。展形象,就是要推进国际传播能力建设,讲好中国故事、传播好中国声音,向世界展现真实、立体、全面的中国,提高国家文化软实力和中华文化影响力。

正确认识和坚持党性和人民性的统一,是做好宣传思想工作的重要前提。习近平同志对此有过明确阐述,坚持党性,核心就是坚持正确政治方向,站稳政治立场,坚定宣传党的理论和路线方针政策,坚定宣传中央重大工作部署,坚定宣传中央关于形势的重大分析判断,坚决同党中央保持高度一致,坚决维护中央权威。所有宣传思想部门和单位,所有宣传思想战线上的党员、干部都要旗帜鲜明坚持党性原则。坚持人民性,就是要把实现好、维护好、发展好最广大人民根本利益作为出发点和落脚点,坚持以民为本、以人为本。要树立以人民为中心的工作导向,把服务群众同教育引导群众结合起来,把满足需求同提高素养结合起来,多宣传报道人民群众的伟大奋斗和火热生活,多宣传报道人民群众中涌现出来的先进典型和感人事迹，丰富人民精神世界，增强人民精神力量，满足人民精神需求。①

三、坚持正确新闻舆论导向，加快构建中国特色哲学社会科学

新闻舆论工作是做好意识形态工作的前沿阵地。党性原则是新闻舆论工作的根本原则，要坚持党对新闻舆论工作的领导，坚持以人民为中心的工作导向，坚持正确政治方向，尊重新闻传播规律，创新方法手段，提高新闻舆论传播力、引导力、影响力、公信力，积极创新新闻舆论工作的方法手段，推动新旧媒体融合发展，更好引导群众、服务群众。互联网是意识形态工作的主战场、主阵地、最前沿，要科学认识网络传播规律，提高用网治网水平，打好网络意识形态攻坚战，使互联网这个最大变量变成事业发展的最大增量。

在坚持和发展中国特色社会主义，实现中华民族伟大复兴中国梦的历史征程中，哲学社会科学可以起到用发展着的理论指导发展着的实践的重要作用。习近平同志在 2016 年哲学社会科学工作座谈会上，分析了"迫切需要哲学社会科学更好发挥作用"的五个方面，阐述我国哲学社会科学在新形势下更加重要的地位和更加繁重的任务。其中的首要任务，就是"面对社会思想观念和价值取向日趋活跃、主流和非主流同时并存、社会思潮纷纭激荡的新形势，如何巩固马克思主义在意识形态领域的指导地位，培育和践行社会主义核心价值观，巩固全党全国各族人民团结奋斗的共同思想基础，迫切需要哲学社会科学更好发挥作用"②。要坚持马克

---

① 习近平在全国宣传思想工作会议上强调：胸怀大局把握大势着眼大事，努力把宣传思想工作做得更好[EB/OL].（2013-08-21）[2019-12-13]. http://jhsjk.people.cn/article/22636876.

② 习近平.在哲学社会科学工作座谈会上的讲话（2016 年 5 月 17 日）[EB/OL].（2016-05-19）[2019-12-13]. http://jhsjk.people.cn/article/28361550.

思主义在我国哲学社会科学领域的指导地位,按照立足中国、借鉴国外、挖掘历史、把握当代、关怀人类、面向未来的思路,把握体现继承性、民族性,体现原创性、时代性,体现系统性、专业性的特色要求,着力构建中国特色哲学社会科学,在指导思想、学科体系、学术体系、话语体系等方面充分体现中国特色、中国风格、中国气派。

第四节　思想基础:用社会主义核心 价值观凝心聚力

核心价值观是一个国家、一个民族赖以生存、维系和发展的精神纽带,是文化软实力的灵魂,是新时代文化建设的核心内涵和重要思想基础。习近平同志指出:"核心价值观是文化软实力的灵魂、文化软实力建设的重点。这是决定文化性质和方向的最深层次要素。一个国家的文化软实力,从根本上说,取决于其核心价值观的生命力、凝聚力、感召力。培育和弘扬核心价值观,有效整合社会意识,是社会系统得以正常运转、社会秩序得以有效维护的重要途径,也是国家治理体系和治理能力的重要方面。历史和现实都表明,构建具有强大感召力的核心价值观,关系社会和谐稳定,关系国家长治久安。"①

一、培育践行社会主义核心价值观需求迫切

培育和践行社会主义核心价值观是凝魂聚气、强基固本的基础工程,广泛开展社会主义核心价值观宣传教育,不断夯实中国特色社会主义的思想道德基础,是新时代文化建设的重要命题。改

---

① 习近平.把培育和弘扬社会主义核心价值观作为凝魂聚气强基固本的基础工程 [EB/OL]. (2014-02-25)[2019-12-13]. http://jhsjk. people. cn/article/24463023.

革开放以来,我国经济高速发展,人民生活水平得到极大改善,物质文明发展水平显著提高,也由此带来社会形态的急剧转型,原有利益结构分化重构,文化交流频繁、思想高度活跃、观念激烈碰撞、价值取向多元。在精神文化领域,由于市场经济规则、政策法规、社会治理还不够健全,受不良思想文化侵蚀和网络有害信息影响,依然存在不少问题。一些地方、一些领域不同程度存在价值观缺失、道德失范现象,拜金主义、享乐主义、极端个人主义仍然比较突出;一些社会成员道德观念模糊,是非善恶美丑不分,见利忘义、唯利是图;造假欺诈、不讲信用的现象久治不绝,突破公序良俗底线、妨害人民幸福生活、伤害国家尊严和民族感情的事件时有发生。这些问题如果不引起重视,得不到有效解决,改革开放和社会主义现代化建设就难以顺利推进。

正是基于当下社会需要形成共同价值认同和思想基础的重要性、紧迫性,习近平同志一直高度重视、多次强调论述培育践行社会主义核心价值观的重要性。以 2014 年为例,2 月,中央政治局专门就培育和弘扬社会主义核心价值观进行集体学习,习近平同志作讲话,对全社会提出要求。五四青年节时,他到北京大学对大学师生专门阐述社会主义核心价值观的重要性。5 月底在上海考察工作时,对领导干部弘扬和践行社会主义核心价值观提出要求。六一儿童节前夕,在北京海淀区民族小学同师生们座谈时讲了这个问题。6 月上旬在两院院士大会上对院士们也提出具体要求。9 月教师节前一天,到北京师范大学同师生座谈,再次作了强调。10 月,在全国文艺座谈会上,又对文艺界提出要求,希望文艺在培育和弘扬社会主义核心价值观方面发挥独特作用。他强调指出:"我们要在全社会大力弘扬和践行社会主义核心价值观,使之像空气一样无处不在、无时不有，成为全体人民的共同价值追求，成为我们生而为中国人的独特精神支柱，成为百姓日用而不觉的行为准则。要号召全社会行动起来，通过教育引导、舆论宣传、文化熏陶、实践养成、制度保障等，使社会主义核心价值观内化为人们的精神追求、外化为人们的自觉行动。"①

社会主义核心价值观是当代中国精神的集中体现，是凝聚中国力量的思想道德基础。持续深化社会主义核心价值观宣传教育，凝聚主流价值共识，把社会主义核心价值观要求融入日常生活，成为人们日用而不觉的道德规范、行为准则和明德修身、立德树人的根本遵循，是当代文化建设的重要命题和迫切需求。

二、思想道德建设是关键领域

思想道德建设是发展中国特色社会主义文化的重要内容，是培育和践行社会主义核心价值观的关键领域。

中华传统美德是中华文化精髓，蕴含着丰富的思想理念和道德规范，具有永不褪色的价值，是开展思想道德建设的丰富养料和重要资源。要坚持社会主义道德观，结合新的时代条件和现实需求，努力实现中华传统美德的创造性转化创新性发展，使之与现代文化、现实生活相融相通，成为全体人民精神生活、道德实践的鲜明标识。

理想信念是我们精神上的"钙"，没有理想信念，或理想信念不坚定，精神上就会"缺钙"，就会得"软骨病"。要在全社会广泛开展理想信念教育，深化社会主义和共产主义宣传教育，深化中国特色社会主义和中国梦宣传教育，引导人们不断增强道路自信、理论自

---

① 习近平.在文艺工作座谈会上的讲话(2014 年 10 月 15 日)[EB/OL].(2014-10-15)[2019-12-13].http://jhsjk.people.cn/article/27699249.

信、制度自信、文化自信,把共产主义远大理想与中国特色社会主义共同理想统一起来,把实现个人理想融入实现国家富强、民族振兴、人民幸福的伟大梦想之中。

思想道德建设重在教育教化,实践养成。要坚持以社会主义核心价值观为引领,将国家、社会、个人层面的价值要求贯穿到道德建设各方面,以主流价值建构道德规范、强化道德认同、指引道德实践,引导人们明大德、守公德、严私德。要加强公民道德建设,深入实施公民道德建设工程,推进社会公德、职业道德、家庭美德、个人品德建设。通过把立德树人贯穿学校教育全过程、用良好家教家风涵育道德品行、抓好重点群体的教育引导等教育引导举措,通过广泛开展弘扬时代新风、持续推进诚信建设、广泛开展移风易俗等道德实践养成活动,增强法治意识、公共意识、规则意识、责任意识,引导人们向往和追求讲道德、尊道德、守道德的生活,重建新时代公序良俗。

三、爱国主义是最深层、最根本、最永恒的价值内核

"在社会主义核心价值观中,最深层、最根本、最永恒的是爱国主义。爱国主义是常写常新的主题。"[①]2015 年 12 月 30 日,习近平同志在十八届中共中央政治局第二十九次集体学习时,以爱国主义精神为主题,就爱国主义与社会主义核心价值观、中华民族精神和民族传统、中国共产党、爱党爱社会主义、国民教育和精神文明建设、祖国统一和民族团结、立足民族又面向世界等作全面系统论述,深刻阐释爱国主义的民族基因、历史贡献、核心内涵、当代使命和世界视野,指出坚持和弘扬爱国主义精神的方法和路径。他认为,爱国

---

① 习近平.在文艺工作座谈会上的讲话(2014 年 10 月 15 日)[EB/OL].(2014-10-15)[2019-12-13].http://jhsjk.people.cn/article/27699249.

主义是中华民族精神的核心和精神基因，维系着华夏大地上各个民族的团结统一，激励着一代又一代中华儿女经受住无数难以想象的风险和考验，始终保持旺盛生命力，生生不息，薪火相传，为祖国发展繁荣而不懈奋斗。中国共产党是爱国主义精神最坚定的弘扬者和实践者，始终把实现中华民族伟大复兴作为自己的历史使命。90多年来，我们党团结带领全国各族人民进行的革命、建设、改革实践，是爱国主义的伟大实践，写下了中华民族爱国主义精神的辉煌篇章。只有坚持爱国和爱党、爱社会主义相统一，爱国主义才是鲜活的、真实的，这是当代中国爱国主义精神最重要的体现。

坚持和弘扬爱国主义，教育是基础性的重要途径。要充分利用我国改革发展的伟大成就、重大历史事件纪念活动、爱国主义教育基地、中华民族传统节庆、国家公祭仪式等来增强人民的爱国主义情怀和意识，把爱国主义教育贯穿国民教育和精神文明建设全过程，深化爱国主义教育研究和爱国主义精神阐释，不断丰富教育内容、创新教育载体、增强教育效果。

四、着力培养担当民族复兴大任的时代新人

核心价值观建设，说到底是人的思想建设、灵魂建设，聚焦的是造就具有正确世界观、人生观、价值观的社会主义建设者。培育和践行社会主义核心价值观，首要任务在于着力培养担当民族复兴大任的时代新人。青年是中国特色社会主义事业的新生力量，代表着民族的希望、祖国的未来，青年的价值取向决定了未来整个社会的价值取向。同时，青年时期是一个人价值观养成的关键时期，"抓好这一时期的价值观养成十分重要。这就像穿衣服扣扣子一样，如果第一粒扣子扣错了，剩余的扣子都会扣错。人生的扣子

从一开始就要扣好"①，重中之重是要以坚定的理想信念筑牢青年的精神之基，用社会主义核心价值观涵育青年的人生观、世界观、价值观，坚定对马克思主义的信仰，对社会主义和共产主义的信念，对中国特色社会主义道路、理论、制度、文化的自信。要在广大青少年中开展深入、持久、生动的爱国主义宣传教育，让爱国主义精神在广大青少年心中牢牢扎根、代代相传、发扬光大。要坚持立德树人、以文化人，建设社会主义精神文明，提高青年的思想觉悟、道德水准、文明素养。要坚持从小抓起、从学校抓起，融入教育教学、校风学风，引领师德建设，使核心价值观融入青年成长的各个方面，转化为情感认同和行为习惯。

五、坚持社会主义核心价值观的中国特色

历史上每一种核心价值观的形成和确立，都与其民族、国家的历史道路、文化传统和社会发展阶段紧密相连，凝结着历史基础、时代环境和现实需求的深层内涵。建设中国特色社会主义，走中国特色社会主义文化发展道路，同样需要中国特色社会主义核心价值观指引。习近平同志对此提出明确要求："一个民族、一个国家的核心价值观必须同这个民族、这个国家的历史文化相契合，同这个民族、这个国家的人民正在进行的奋斗相结合，同这个民族、这个国家需要解决的时代问题相适应。"②

社会主义核心价值观是具有鲜明中国特色的价值观，它来自

---

① 习近平.青年要自觉践行社会主义核心价值观——在北京大学师生座谈会上的讲话(2014 年 5 月 4 日)[EB/OL].(2014-05-05)[2019-12-13].http://jhsjk.people.cn/article/24973220.

② 习近平.青年要自觉践行社会主义核心价值观——在北京大学师生座谈会上的讲话(2014 年 5 月 4 日)[EB/OL].(2014-05-05)[2019-12-13].http://jhsjk.people.cn/article/24973220.

深厚悠久的中华文明传统、来自党领导中国人民开展革命、建设和改革的伟大历程，来自当代中国特色社会主义建设的实践需求。面对一些西方国家借所谓的"普世价值"抹黑我们党、我国社会主义制度和文化传统的别有用心之举，我们尤其必须加快构建具有中华民族历史特质、彰显中国价值理念、符合现实发展需求、具有世界文明高度的中国特色价值体系。

不忘本来才能开辟未来，善于继承才能更好创新。牢固的核心价值观，都以稳固的本质内核赋予其不朽生命和与时俱进的品质。博大精深的中华优秀传统文化，是我们在世界多元价值理念交流、交锋、交融中坚定文化自信、坚守文化立场的民族根底；中华优秀传统文化的历史渊源、独特创造、价值理念、鲜明特色，是培育和弘扬社会主义核心价值观的文化滋养。目前提出和倡导的"富强、民主、文明、和谐，自由、平等、公正、法治，爱国、敬业、诚信、友善"社会主义核心价值观，把涉及国家、社会、公民的价值要求融为一体，回答了我们要建设什么样的国家、培育什么样的公民、倡导什么样的价值体系、实现什么样的价值追求等重大问题，体现了社会主义本质要求，继承了中华优秀传统文化，吸收了世界文明有益成果，体现了时代精神，代表了中国先进文化的前进方向，指明了全国人民凝心聚力的方向，在最大限度上凝结起了全体人民共同的价值追求。

要积极主动向世界传播社会主义核心价值观，把当代中国价值观念贯穿于国际交流的方方面面，讲好中国故事，传播好中国声音，展示好中国的国家形象，让国际社会对我们基于独特文化传统、历史命运、基本国情而形成的价值体系，对我们坚持走中国特色社会主义道路的选择、理论体系、制度优势有更客观的价值体认和理解认同。要认真学习借鉴世界各国人民创造的优秀文化，吸取世界文明中的一切优秀元素,坚持洋为中用、中西合璧、融会贯通、开拓创新,构建立于世界文明高地的中国价值体系。

六、融入社会生活的方方面面

一种价值观要真正发挥作用,必须在落细、落小、落实上下功夫,全方位贯穿、深层次融入基层社会,像空气一样与广大人民群众的日常生活紧密关联,成为百姓日用而不觉的行为准则,达到内化为人们的精神追求、外化为人们的自觉行动的目的。

要发挥政策导向作用,使经济、政治、文化、社会等方方面面政策都有利于社会主义核心价值观的培育。要用法律来推动核心价值观建设,把社会主义核心价值观的要求体现到宪法法律、法规规章和公共政策之中,转化为具有刚性约束力的法律规定。要在各种社会管理中落实倡导社会主义核心价值观的责任,注重在日常管理中体现价值导向,使符合核心价值观的行为得到鼓励、违背核心价值观的行为受到制约。要健全各行各业规章制度,完善市民公约、乡规民约、学生守则等行为准则,使社会主义核心价值观成为人们日常工作生活的基本遵循。要把社会主义核心价值观的要求融入精神文明创建各方面,大力弘扬时代新风,运用先进典型宣传,建立和规范礼仪制度,体现到文明城市、文明村镇、文明单位、文明家庭、文明校园创建活动各个方面,吸引群众广泛参与,推动人们在为家庭谋幸福、为他人送温暖、为社会作贡献的过程中提高精神境界、培育文明风尚。要广泛开展先进模范学习宣传活动,营造崇尚英雄、学习英雄、捍卫英雄、关爱英雄的浓厚氛围,推动全社会形成见贤思齐的良好风气。要建立和规范一些礼仪制度,组织开展形式多样的纪念庆典活动,传播主流价值,增强人们的认同感和归属感。要与精神文化产品创作生产传播相结合,润物细无声地运用各种文艺表现形式和高质量高水平的作品,形象地告诉人们什么是真善美,什么是假恶丑,什么是值得肯定和赞扬的,什么是必须反对和否定的,潜移默化地增进人们的价值认同。

第五节　建设路径:以改革创新推动文化发展

创新是一个民族进步的灵魂,是一个国家兴旺发达的不竭动力。当今时代,国际局势和国内形势都正在发生深刻而巨大的变化,在新形势、新机遇、新挑战面前,推进中国特色社会主义事业必须坚持和弘扬创新精神。"文化是最需要创新的领域。'不日新者必日退'。在人类发展的每一个重大历史关头,文化都能成为时代变迁、社会变革的先导。"[①]文化自身发展源远流长和形成深厚传统的内在机制,文化精神引领经济社会发展的重要原因,文化成为时代变迁和社会变革先声的实现路径,文化裨补时阙的功能发挥,在很大程度上均源自其与时代同频共振的改革创新。在当今中国,以改革创新为核心的时代精神,始终是推动文化建设繁荣发展的强大动力。

一、文化改革创新必须顺应时代潮流

文化发展必须同国家和民族紧紧维系、休戚与共,与时代同行,把握时代脉搏,承担时代使命,聆听时代声音,勇于回答时代课题,获得与时俱进、日新月异文化创新发展成果。

当前国内社会思想活跃、价值多元、观念碰撞、利益格局分化

---

① 中共中央宣传部.习近平新时代中国特色社会主义思想学习纲要[M].北京:学习出版社,人民出版社,2019:139.

重组,互联网等新技术新媒介日新月异;世界局势复杂多变,中外文化交往密切、交流广泛、交锋激烈,各国出现的新思想新观点新知识新事物新情况层出不穷。所有这些都使得开展文化建设特别是宣传思想工作的社会条件与以往相比,已大不一样。"我们有些做法过去有效,现在未必有效;有些过去不合时宜,现在却势在必行;有些过去不可逾越,现在则需要突破。'不日新者必日退''明者因时而变,知者随事而制'"①,文化发展从理念、思路、方法、手段等各个方面的改革创新,比以往任何时候都更加具有迫切需要,势在必行。早在 2013 年 8 月 19 日,习近平同志在全国宣传思想工作会议上发表的讲话中,对此即作出明确部署:"宣传思想工作创新,重点要抓好理念创新、手段创新、基层工作创新。理念创新,就是要保持思想的敏锐性和开放度,打破传统思维定式,努力以思想认识新飞跃打开工作新局面。手段创新,就是要积极探索有利于破解工作难题的新举措新办法,特别是要适应社会信息化持续推进的新情况,加快传统媒体和新兴媒体融合发展,充分运用新技术新应用创新媒体传播方式,占领信息传播制高点。基层工作创新,就是要把创新的重心放在基层一线,扎实做好抓基层、打基础的工作。"②

新时代的文化发展,必须努力在实践创造中进行文化创造,在历史进步中实现文化进步,让一切文化创造源泉充分涌流,使中国特色社会主义文化始终反映时代精神、引领时代潮流。

---

① 习近平在全国宣传思想工作会议上强调:胸怀大局把握大势着眼大事,努力把宣传思想工作做得更好[EB/OL]. (2013-08-21)[2019-12-13]. http://jhsjk. people. cn/article/22636876.

② 习近平在全国宣传思想工作会议上强调:胸怀大局把握大势着眼大事,努力把宣传思想工作做得更好[EB/OL]. (2013-08-21)[2019-12-13]. http://jhsjk. people. cn/article/22636876.

二、文化改革创新必须遵循内在规律

适应市场经济发展和文化经济一体化发展的时代条件，打破僵化的体制机制束缚，解放文化生产力、提升文化创造力、增强文化软实力，是遵循文化发展内在规律，更好地推动社会主义文化大发展大繁荣、建设社会主义文化强国的实施路径。

当今时代，文化与经济的交融日益加强，文化在为经济发展提供强大精神动力的同时，自身经济功能得到明显增强，在综合国力竞争中的地位和作用日益重要。文化产业科技含量高、资源消耗低、环境污染少、发展潜力大，具有优结构、扩消费、增就业、促转型、可持续的独特优势，对经济增长和转变经济发展方式的贡献越来越大。大力发展文化产业，不仅能够更充分地满足人民群众日益增长的精神文化需求，有助于进一步提升国家文化软实力，而且能够开辟经济发展的新途径新空间，是加快转变经济发展方式的重要途径。因此，大力发展文化产业，建立健全现代文化市场体系，就成为体现新时代文化改革创新发展内在要求的重要命题。

党的十七届五中全会在谋划我国"十二五"时期发展蓝图时，从国家战略发展的高度，提出"推动文化产业发展为国民经济的支柱性产业"，体现了对当今世界文化与经济相互交融的文化发展内在规律的准确把握，取得显著成效。在新时代文化发展征程中，要紧紧围绕以改革促发展这一主题，进一步深化认识文化改革创新发展的内在规律，牢牢把握文化经济一体化发展的时代特征，深入推进文化体制改革工作，探索建立新型文化管理体制，完善文化产品创作生产扶持引导机制，发展壮大具有活力和竞争力的文化市场主体，深化文化投融资体制改革，培育文化产业发展新动能，激发文化创新活力,确保文化产业持续健康发展。

在文化改革创新发展过程中,必须牢牢把握先进文化前进方向,遵循社会主义精神文明建设特点和规律,正确区分公益性文化事业和经营性文化产业的不同性质和任务,努力构建坚持把社会效益放在首位、社会效益和经济效益相统一的体制机制。正确处理社会效益和经济效益的关系,是社会主义市场经济条件下文化建设必须始终把握好的重大问题。"关于文化体制改革,我只强调一点,就是要在继续大胆推进改革、推动文化事业全面繁荣和文化产业快速发展、建设社会主义文化强国的同时,把握好意识形态属性和产业属性、社会效益和经济效益的关系,始终坚持社会主义先进文化前进方向,始终把社会效益放在首位。无论改什么、怎么改,导向不能改,阵地不能丢。"①中共中央办公厅、国务院办公厅印发《关于推动国有文化企业把社会效益放在首位、实现社会效益和经济效益相统一的指导意见》,明确提出"社会效益指标考核权重应占 50%以上",要积极探索和落实建立党委和政府监管有机结合、宣传部门有效主导的国有文化资产管理体制等重大举措,将"两个效益"相统一的原则要求转化为具体制度设计。

三、文化体制改革是文化发展的必要保障

文化体制改革与经济体制改革、政治体制改革、教育体制改革、科技体制改革等一起构成我们时代的改革旋律。2005 年,中共中央、国务院下发《关于深化文化体制改革的若干意见》。2006 年

---

① 习近平在全国宣传思想工作会议上强调:胸怀大局把握大势着眼大事,努力把宣传思想工作做得更好[EB/OL]. (2013-08-21)[2019-12-13]. http://jhsjk. people. cn/article/22636876.

3 月,中央召开全国文化体制改革工作会议,确定全国 89 个地区和 170 个单位作为文化体制改革试点。文化体制改革走上全面推开里程。2007 年 11 月,党的十七大从中国特色社会主义事业"四位一体"总体布局的战略高度,提出兴起社会主义文化建设新高潮、推动社会主义文化大发展大繁荣的战略任务。

党的十八大以来,按照中央全面深化改革的总体部署,文化体制改革得到进一步深化推进,改革发展的制度体系不断得到完善。党的十八届三中全会通过《中共中央关于全面深化改革若干重大问题的决定》,明确提出完善文化管理体制,建立健全现代文化市场体系,构建现代公共文化服务体系,提高文化开放水平等要求。宣传文化部门加强科学谋划、细化制度设计,相继编制《国家"十三五"时期文化发展改革规划纲要》,出台 40 多个改革文件,细化了改革的路线图、时间表、任务书,搭建起文化制度体系的"梁"和"柱"。2014 年 2 月 28 日,中央全面深化改革领导小组第二次会议审议通过《深化文化体制改革实施方案》,突出方向引领,加强谋篇布局。此后,《公共文化服务保障法》出台。2015 年 9 月,中央印发《关于推动国有文化企业把社会效益放在首位、实现社会效益和经济效益相统一的指导意见》。

文化体制改革带来文化发展的新成果。截至 2017 年 7 月,党的十八届三中、四中、五中、六中全会确定的 104 项文化体制改革任务已完成 97 项,基本搭建完成了全面深化文化体制改革的新的"四梁八柱"①。文化创新创造活力得到持续激发,文化事业和文化产业不断发展繁荣,现代文化市场体系日益健全,有利于创新创造

---

① 周玮.激发文化创造活力　向着社会主义文化强国迈进——党的十八大以来文化体制改革成果述评[J].思想政治工作研究,2017(8):8-11.

的文化发展环境逐步形成,极大地增强了人民群众的文化获得感和幸福感。

四、坚持优秀传统文化创造性转化创新性发展

推陈出新、与时俱进是文化发展的本质要求,也是文化传统得以长盛不衰的内在动力。实现中华传统文化的创造性转化和创新性发展,是当代文化改革创新发展的重要领域。中华文明绵延至今的重要原因,就在于从不间断、从不停止地学习、吸收、融合各种文化元素。对内交流会通各种地域文化,对外尊重融通各种有益的思想文化资源。

对待自己的传统文化,不能采取全盘接受或者全盘抛弃的绝对主义态度。要遵从文化发展规律,不但知其所长,坚定文化自信,坚守中华文化立场,也要站稳当下立场,明确时代需求,弃其糟粕,取其精华,借古融今、创新发展,从传统中精准发掘可供今日文化建设吸收借鉴的优质资源,铸就中华文化新辉煌。对待别人的文化传统,要抱持虚怀若谷、开放包容、尊重文化多样性的态度,摒弃自傲自大、唯我独尊,大胆吸收借鉴人类创造的一切优秀文明成果。革故鼎新、继往开来是文化发展的应有气度和生命力之所在,文化建设不能满足于已有传统、当下成就,更需要着眼未来,不断创业创新,激发永久活力,维系文化自信。

创造性转化创新性发展是传承弘扬优秀传统文化的基本原则。中华优秀传统文化与社会主义市场经济、民主政治、先进文化、社会治理等存在需要协调适应的地方,因此要"重点做好创造性转化和创新性发展。创造性转化,就是要按照时代特点和要求,对那些至今仍有借鉴价值的内涵和陈旧的表现形式加以改造,赋予其新的时代内涵和现代表达形式,激活其生命力。创新性发展,

就是要按照时代的新进步新进展,对中华优秀传统文化的内涵加以补充、拓展、完善,增强其影响力和感召力。"①只有不断推进创新发展,将中华优秀传统文化的价值以新的形式展现出来,与革命文化、社会主义先进文化有机相融,注入先进思想内涵,才能被人民群众和世界所接受,获得丰富民众的精神世界、增强民众的精神力量、提高民众的文明素质的实践效果。

坚持中国特色社会主义道路,从传承优秀传统文化的角度切入,需要扎实、深入、细致地探索"中国"之"中"与基于中国基础的"特色"之"特",这是一项需要潜入传统之中深研细磨的艰巨工作。如果只有概念式、口号式的抽象宣教,不足以使人心悦诚服地认同独特的文化传统,独特的历史命运,独特的基本国情,注定了我们必然要走适合自己特点的发展道路。剖析研究中华文化传统,揭示提炼其有益于当今社会建设的优秀因子和积极因素,无疑可为彰显中国特色、分析基本国情、探索"适合自己特点的发展道路"提供实证支持。

党的十八大以来,习近平同志有关中国特色社会主义文化建设的重要论述和在治国理政中形成的文化发展理念、创新性实践和历史性成就,与其在浙江工作时期的相关重要论述和探索实践具有历史同根、文化同源、理念相承、逻辑相通的内在关联。同时,又以其立足全党和国家层面的更远历史目光、更高时代站位、更大政治勇气、更重使命担当、更强战略定力、更广实践范围,淬炼出更为充分、系统、严谨、缜密、成熟的历史思维方法,高标卓识,圭璋特达,体现了哲理思辨至于通达之境的超迈高格,成为习近平新时代中国特色社会主义思想的重要组成部分。

---

① 中共中央宣传部.习近平总书记系列重要讲话读本[M].北京:学习出版社,人民出版社,2014:101.

◆◆◆【案例 7-1】

敦煌莫高窟的定制版雪糕

1654 岁的敦煌莫高窟,今夏推出了网红文创产品——定制版雪糕,有草莓九层楼、巧克力石窟外景、牛奶月牙泉三个版本口味。北京青年报记者注意到,敦煌发布官宣后,这三款高颜值的雪糕迅速在网上走红。

夏日行走在四周是沙漠的敦煌街头,拿着这样造型别致的冰棍既可以解渴防暑,还能站在世界遗址莫高窟前拍照留念,绝对是一种很潮的方式。吃完雪糕记得把雪糕棒留下,清洗过后就是一枚精美的定制版九色鹿书签。

案例来源:张恩杰.《敦煌莫高窟推文创 "窟霸"雪糕走红》.北京青年报,2020-06-27.

案例简析 〉〉〉

推陈出新、与时俱进是文化发展的本质要求,也是文化传统得以长盛不衰的内在动力。中华文明绵延至今的重要原因,就在于从不间断、从不停止地学习、吸收、融合各种文化元素。近年来,故宫博物院、敦煌研究院等文物部门在坚持保护第一的前提上,积极开发优质传统文化资源,赋予其新的时代内涵,以生活化、大众化、时尚化的创意手段和表达方式激活其生命力。众多别致多样、生动活泼的创意产品受到社会大众热烈追捧,取得社会效益和经济效益双丰收的积极成效。

◆◆◆ 本章小结

1.紧紧围绕打造文化软实力,以坚定文化自信、建设社会主义文化强国为目标导向,以坚持一切以人民为中心为逻辑起点,以牢牢掌握意识形态领导权为政治保障,以用社会主义核心价值观凝心聚力为思想基础，以改革创新为建设路径，是习近平新时代中国特色社会主义文化发展理念的重要内涵。

2.习近平新时代中国特色社会主义文化发展理念坚持马克思主义指导地位，坚守中华文化立场，从中国现实国情和文化建设时代需求出发，吸取世界文明优秀元素，是新时代推动社会主义文化繁荣兴盛、建设社会主义文化强国的方向引领和科学指南。

3.习近平新时代中国特色社会主义文化发展理念，与他在浙江工作期间的理论思考和实践探索具有一脉相承的内在关联，彰显出与时俱进的理论品格，是习近平新时代中国特色社会主义思想从区域治理实践上升到国家治理全局的鲜明案例。

◆◆ **思考题**

1.谈谈你对习近平新时代中国特色社会主义文化发展理念的学习体会。

2.试论坚守中华文化立场与坚持文化自信的关系。

3.举例说明如何在文化建设中落实以人民为中心的工作导向。

◆◆ **拓展阅读**

1.中共中央文献研究室.习近平关于实现中华民族伟大复兴的中国梦论述摘编[M].北京：中央文献出版社，2013.

2.中共中央宣传部.习近平总书记系列重要讲话读本[M].北京：学习出版社，人民出版社，2014.

3.中共中央文献研究室.习近平关于社会主义文化建设论述摘编[M].北京：中央文献出版社，2017.

4.中共中央宣传部.习近平新时代中国特色社会主义思想学习纲要[M].北京：学习出版社，人民出版社，2019.

参考文献

[1] 习近平.干在实处 走在前列:推进浙江新发展的思考与实践 [M].北京:中共中央党校出版社,2006.

[2] 习近平.之江新语[M].杭州:浙江人民出版社,2007.

[3] 中共中央文献研究室.习近平关于实现中华民族伟大复兴的 中国梦论述摘编[M].北京:中央文献出版社,2013.

[4] 人民出版社.学习贯彻习近平总书记8·19重要讲话精神 [M].北京:人民出版社,2013.

[5] 中共中央宣传部.习近平总书记系列重要讲话读本[M].学习 出版社;人民出版社,2014.

[6] 中共中央文献研究室.习近平关于全面深化改革论述摘编 [M].北京:中央文献出版社,2014.

[7] 中共中央文献研究室.习近平关于社会主义文化建设论述摘 编[M].北京:中央文献出版社,2017.

[8] 中共中央宣传部.习近平新时代中国特色社会主义思想学习 纲要[M].北京:学习出版社;人民出版社,2019.

[9] 中共中央关于构建社会主义和谐社会若干重大问题的决定 (2006年10月11日中国共产党第十六届中央委员会第六次 全体会议通过)[M].北京:人民出版社,2006.

[10] 中共中央关于深化文化体制改革推动社会主义文化大发展 大繁荣若干重大问题的决定(2011年10月18日中国共产党

第十七届中央委员会第六次全体会议通过)[M].北京:人民出版社,2011.

[11]中共中央关于全面深化改革若干重大问题的决定(2013 年 11 月 12 日中国共产党第十八届中央委员会第三次全体会议通过)[M].北京:人民出版社,2013.

[12]习近平.决胜全面建成小康社会夺取新时代中国特色社会主义伟大胜利——在中国共产党第十九次全国代表大会上的报告(2017 年 10 月 18 日)[M].北京:人民出版社,2017.

[13]中共浙江省委关于印发《浙江省建设文化大省纲要(2001—2020 年)》的通知[J].浙江政报,2001(16):16-23.

[14]中共浙江省委关于加快建设文化大省建设的决定(2005 年 7 月 29 日中国共产党浙江省第十一届委员会第八次全体会议通过)[N].浙江日报,2005-08-02(1).

[15]浙江省人民政府关于印发《浙江省文化建设"四个一批"规划(2005—2010)》的通知[J].浙江政报,2006(16):17-27.

[16]浙江省推动文化大发展大繁荣纲要(2008—2012)(中共浙江省委、浙江省人民政府 二〇〇八年七月三日)[N].浙江日报,2008-07-11(1-2).

[17]中共浙江省委关于认真贯彻党的十七届六中全会精神 大力推进文化强省建设的决定(2011 年 11 月 18 日中国共产党浙江省第十二届委员会第十次全体会议通过)[N].浙江日报,2011-11-25(11).

[18]中共浙江省委关于认真学习贯彻党的十八大精神 扎实推进物质富裕精神富有现代化浙江建设的决定(2012 年 12 月 16 日中国共产党浙江省第十三届委员会第二次全体会议通

过)[N].浙江日报,2012-12-14(1).

[19] 中共浙江省委关于认真学习贯彻党的十八届三中全会精神全面深化改革再创体制机制新优势的决定(2013 年 11 月 29 日中国共产党浙江省第十三届委员会第四次全体会议通过)[N].浙江日报,2013-12-4(3).

[20] 车俊.坚定不移沿着"八八战略"指引的路子走下去　高水平谱写实现"两个一百年"奋斗目标的浙江篇章——在浙江省第十四次党代会上的报告(2017 年 6 月 12 日)[N].浙江日报,2017-6-19(3).

[21] 关于加快把文化产业打造成为万亿级产业的意见(浙委发〔2017〕36 号)[EB/OL].(2017-10-23)[2019-06-03].http://www. reportway. org/zhengcejiedu/2310201717299. html,2017-10-23.

[22] 中共浙江省委、浙江省人民政府关于推进文化浙江建设的意见(2017 年 11 月 29 日)[N].浙江日报,2017-11-29(1).

[23] 浙江省人民政府关于印发浙江省传承发展浙江优秀传统文化行动计划的通知(浙政发〔2018〕17 号)[J].浙江省人民政府公报,2018(14):14-25.

[24] 浙江省社科院.浙江发展报告:文化卷[M].杭州:浙江人民出版社,2005—2020.

[25] 中共浙江省委宣传部.与时俱进的浙江精神[C].杭州:浙江人民出版社,2005.

[26] 中宣部文化体制改革和发展办公室文化部对外文化联络局编.国际文化发展报告[M].北京:商务印书馆,2005.

[27] 张仁寿,盛世豪,蓝蔚青,等.透析"浙江现象"[M].杭州:浙江

人民出版社,2006.

［28］陈威.公共文化服务体系研究［M］.深圳:深圳报业集团出版社,2006.

［29］李景源,张晓明,等.浙江经验与中国发展(文化卷)［C］.北京:社会科学文献出版社,2007.

［30］卢映川,万鹏飞,等.创新公共服务的组织与管理［M］.北京:人民出版社,2007.

［31］陈立旭.文化的力量:浙江社会发展的引擎［M］.杭州:浙江大学出版社,2008.

［32］黄坤明.领导干部国学读本［M］.杭州:浙江古籍出版社,2010.

［33］黄传新.社会主义意识形态的吸引力和凝聚力研究［M］.北京:学习出版社,2012.

［34］中共杭州市委宣传部.核心价值大众化的杭州实践［M］.杭州:杭州出版社,2012.

［35］姜义华.中华文明的根柢　民族复兴的核心价值［M］.上海:上海人民出版社,2012.

［36］李强.建设物质富裕精神富有的现代化浙江［M］.杭州:浙江人民出版社,2012.

［37］翁卫军.走向精神高地"我们的价值观"主题实践活动［M］.杭州:杭州出版社,2012.

［38］陈瑶.公共文化服务　制度与模式［M］.杭州:浙江大学出版社,2012.

［39］张伟斌,陈野.浙江历史人文读本［M］.杭州:浙江古籍出版社,2013.

［40］朱颖原.社会主义核心价值观多维研究［M］.北京:人民出版

社,2013.

[41] 宋俊华,王开桃.非物质文化遗产保护研究[M].广州:中山大学出版社,2013.

[42] 陈立旭.创新公共文化发展模式:浙江的探索[M].北京:中国社会科学出版社.2014.

[43] 郭建宁.社会主义核心价值观基本内容释义[M].北京:人民出版社,2014.

[44]《我们的价值观》编写组.我们的价值观[M].南昌:百花洲文艺出版社,2014.

[45] 谢地坤,陈野,等.中国梦与浙江实践:文化卷[M].北京:社会科学文献出版社,2015.

[46] 陈立旭.文化发展:浙江的探索与实践[M].北京:中国社会科学出版社.2018.

[47] 欧文·E.休斯.公共管理导论[M].张成福,王学栋,等,译.中国人民大学出版社,2001.

[48] (英)阿雷恩·鲍尔德温.文化研究导论[M].陶东风,等,译.北京:高等教育出版社,2004.07.

[49] (英)吉姆·麦圭根.重新思考文化政策[M].北京:中国人民大学出版社,2010.

[50] 丹尼斯·C.缪勒.公共选择理论[M].韩旭,杨春学,译.北京:中国社会科学出版社,2010.

[51] (美)H.乔治·弗雷德里克森.新公共行政[M].丁煌,方兴,译.北京:中国人民大学出版社,2011.

后　记

承蒙"新思想在浙江的萌发与实践"系列教材编委会信任，我们有幸承担其中《文化软实力》一册的研究编写。

本书作者长期关注浙江实施"八八战略"以来的文化建设进程，亲身参与浙江精神、"浙江人的共同价值观"提炼，"最美现象""农村文化礼堂""优秀传统文化传承"等重大文化建设项目，分别承担"浙江发展报告""浙江经验与中国发展""中国梦与浙江实践""改革开放四十年浙江发展丛书"等重大研究项目中"文化卷"的研究撰稿，并在文化发展的不同领域开展相应研究，形成相关科研成果。

在本教材撰写过程中，我们深刻认识本课题研究主题的重大意义和教材编写的重要性，克服时间紧、任务重等困难，以认真负责、严谨踏实的研究态度和工作精神，高度投入、齐心协力，基于已有研究成果，按照编委会的体例要求，经过高强度的集体攻关，终于在 2020 年 3 月完成书稿撰写，交付出版。

本书作者为：浙江省社会科学院副院长、研究员陈野，中共浙江省委党校副校长、教授陈立旭，浙江大学教授、博士生导师李杰，浙江省社会科学院副研究员周静。分工如下：前言，陈野；第一章，陈野；第二章，陈野；第三章，陈立旭；第四章，李杰、陈野；第五章，周静；第六章，陈野；第七章，陈野。

全书由陈野研究员组织研究团队、确立编写思路、设计总体框架,并对全部书稿做统稿工作。浙江省社会科学院肖依依老师承担了书稿注释的规范化处理工作。

借此书稿完成撰写、即将交付出版之际,衷心感谢本系列教材编委会对本课题研究的重视信任和在研究过程中的悉心关怀指导。衷心感谢张曦、任少波、王永昌、胡坚、张彦等领导和老师的指导、帮助和赐教。衷心期待和欢迎本书读者和学员给予批评指正。

2020 年 3 月 30 日

图书在版编目(CIP)数据

文化软实力 / 陈野等编著. —杭州：浙江大学出
版社，2020.10
ISBN 978-7-308-20647-1

Ⅰ. ①文… Ⅱ. ①陈… Ⅲ. ①地方文化－文化事业－
建设－浙江－教材 Ⅳ. ①G127.55

中国版本图书馆 CIP 数据核字(2020)第 191720 号

文化软实力

陈　野　等　编著

总 编 辑	袁亚春
策划编辑	黄娟琴
责任编辑	吴昌雷
责任校对	高士吟
封面设计	程　晨
出版发行	浙江大学出版社
	（杭州市天目山路 148 号　邮政编码 310007）
	（网址：http://www.zjupress.com）
排　　版	杭州朝曦图文设计有限公司
印　　刷	浙江印刷集团有限公司
开　　本	787mm×1092mm　1/16
印　　张	15.25
字　　数	183 千
版 印 次	2020 年 10 月第 1 版　2020 年 10 月第 1 次印刷
书　　号	ISBN 978-7-308-20647-1
定　　价	39.00 元